U0916913

国学关键词著述

敬天与伦理

韩德民 主编　邹新明 著

目录

引言

唐代大诗人李白在《春夜宴从弟桃花园序》有文曰："夫天地者，万物之逆旅。"人类没有发明房屋以前，曾经在很漫长的时期，过着"天当房，地当床"的原始生活。早期先民在广袤的大地上采摘野果，慢慢发展到耕种土地，收获谷物，修建房屋，对大地的认识比较直接、亲切。相反，对他们来说，高高在上的天空无边无际，深不可测，充满神秘感，加之雷霆震怒、雨雪风霜、日落月升、流星掠过等当时无法解释的自然现象，使先民对上天充满敬畏之情。在他们眼中，大地像慈爱的母亲，而上天则是严厉的父亲。

天地在中国古代文人心目中的地位极高，"天地"二字是他们的诗文中最常出现的词语之一。"竹林七贤"之一的嵇康在《兄秀才公穆入军赠诗十九首》中有诗道："人生促寿，天地长久。"相对于天地的长久来说，人生实在是太短促了，因此人们不免对天地生出敬仰之心。汉代学者扬雄在《法言·问神》中说："天俄而可度，则其覆物也浅矣；地俄而可度，则其载物也薄矣。大哉！天地之为万物郭。"他认为天地广大无边，覆盖承载万物，是万物的城郭。宋代文豪苏东坡在《杭州召还乞郡状》中说：“臣每自惟昆虫草木之微，无以仰报天地生成之德。”天地产生万物，如果不发愤作为，就不能报答天地生成之大德。从上面列举的诗文中，我们可以了解天地在古人心目中的地位。

相传商代最后的国君商纣王是一位残忍自负的暴君，当时西伯（后来的周文王）实力逐渐扩大，征服了邑国黎，商贤臣祖伊听说后，非常恐慌，急忙去劝谏商纣王。但纣王对此毫不理会，自信“我生不（否）有命在天”（《尚书·商书·西伯戡黎》），认为自己的生死是由上天决定的，别人奈何不了他，仍然刚愎自用，荒淫残暴，最终国破自焚。

《左传·昭公十三年》记载，春秋时楚国有一个国君楚灵王，他让人用龟甲占卜是否能夺得天下，结果不吉祥，楚灵王大怒，把龟甲扔掉，仰首大骂苍天。

秦汉之际，西楚霸王项羽和汉王刘邦争夺天下，最后以骁勇善战闻名天下的项羽被刘邦围困于垓下。项羽自知大势已去，率军在重围中纵横驰骋，杀死汉军将士“数十百人”，以此证明“天亡我，非战之罪也”，也就是说是上天让我灭亡，而不是我不擅长征战。项羽拼杀到乌江边，乌江亭长劝其渡江回江东重整旗鼓，但项羽却认为天意要自己灭亡，说：“天之亡我，我何渡为。”意思是说：天要我灭亡，我渡江干什么呢？于是自刎而死。

南宋末年抗元将领张世杰与元军数战不胜，准备寻找赵宋后代继续抵抗。走到平章山下，忽然狂风大作，船夫劝张世杰停船靠岸，他不同意，向天大喊：“若天意不欲存宋之社稷，大风可覆此舟。”最后，一代忠臣葬身海底。

上述正反事例表明，在古人心目中，天是无形之中命运的主宰者。

“天”字在甲骨文中就已经出现，至于天的概念的产生，应该还要早得多。随着灵魂观念的产生，先民认为，在神秘莫测的上天的背后，也存在着许多神灵，同时，祖先死后的灵魂也存在于上天。这一点可以从远古祭祀的地点和燎祭的祭祀方式看出。当时的祭祀往往选在较高的山上，并且搭建较高的祭坛。如距今5500多年前属红山文化的辽宁东山嘴文化遗址的一处石砌祭坛遗迹，选择在面对开阔的大凌河川和大山山口的山梁顶部；同样在辽宁境内的牛河梁遗址（前3500—前3000）发现的“女神庙”，也位于山丘之顶。我们还可以从《山海经》等典籍中得到证明，古人把较高的山顶作为登天之梯。而所谓“燎祭”，是指将玉器和牺牲放在火上焚烧，香烟上达，以使上天享受祭祀。

既然先民认为上天是诸神和祖先灵魂的居所，而诸神和祖先神又决定着自然界的变化、先民个人及其氏族的命运，因此上天就成为他们敬畏并祭祀的对象。到了殷商时代，虽然已经出现“天”“帝”字样，但它们都还不是指至上神。从卜辞记载来看，“帝”在当时的地位只是众神之一，殷人更重视祖先神灵。一般认为，真正作为至上神的“天”，是周人推翻殷商王朝，建立西周王朝之后的发明。为解释王朝的更替，周人认为天帝不再是某个王朝的保护神，而是至高无上的主宰，上天决定着王朝的兴替、个人的寿夭，直到自然界的风雨雷电、山崩地动。周人借鉴商代灭亡的教训，提出天命无常、奖善惩恶、实行仁政、敬德保民的思想，对后世有着非常重大的影响。

可以说，自周代以后的封建社会，天保持着最高的主宰的地位，所谓命运之天和主宰之天，都是天作为至上神的最直接的职能，而其自然之天的属性反而被弱化。至于伦理之天，也是从天的主宰地位引申而来。应该指出的是，所谓自然之天、主宰之天、伦理之天，只是我们今天的划分，在古人的思维和表述中，天就是一个整体，混沌未分，它是最高的主宰，是制定历法的自然依据，也是人类伦理道德规范的依据。

中国先民的敬天经历了不同的发展阶段，有不同的目的和内涵。最初对天的敬仰崇拜，主要是对自然界的雨雪风霜、电闪雷鸣等现象的敬畏和迷惑。就是在今天，即使人类对自然界的种种灾异变化已经有了科学的解释，但仍然不能控制自然，人们对许多自然灾害仍然心有余悸，而在生产力低下、对自然的认识落后的古代，人们对于自然界的敬畏程度更是可想而知。他们对自然天界没有别的办法，只有顶礼膜拜、祭祀祈祷，求上天能够保佑他们，赐给他们风调雨顺、五谷丰登、人丁兴旺。当然，随着人类的生产能力和认识能力的提高，古人在自然面前也并不是完全束手无策的，如对天象的观察了解，使得先民在很早就制定了比较精确的历法，用于指导农业生产，甚至政治运作。

在古人心目中，上天不仅是自然现象的主宰，也是人类社会的主宰，无论是改朝换代，还是个人富贵贫贱、生老病死，都是由上天决定的。早在《论语·颜源》中就记载孔子弟子子夏引述当时流行的一句话：“死生有命，富贵在天。”人们相信个人的生命和命运都是由上天决定的。对于王朝的更替，最关心的当然是统治者，历代帝王对祭天仪式——郊祭和封禅的独占，正表明这一点。祭天一方面是天子作为天的儿子对天的孝敬，实际上是天子在人间至高权力的体现和象征，表明自己的权力“受命于天”；另一方面也是历代帝王祈求上天保佑他们国运昌盛，“既受永昌”。既然天是有意识的最高主宰，那么天是通过什么来表明自己意志的呢？中国古代流行的天人感应说，是上天表明自己的意愿，主宰影响人世思想的最好体现。古人认为，上天俯察人间一切，人的行为的好坏都逃不过上天的眼睛，上天对此的反应体现为不同的自然现象：如果行善，上天就会赐予吉祥瑞征，如果为恶，上天就会降下灾异之象。这虽然还是以人们对灾异的畏惧为基础，但是已经把天和人结合起来，同时强调天人感应不再仅仅是天感应人，人的行为反过来也会感应天。起初天人感应的“人”，主要是统治者，慢慢地发展到普通人。关汉卿的《窦娥冤》中，普通民女窦娥的一股冤气也能造成六月飞雪、大旱三年的灾异现象。天人感应的对象虽然慢慢地扩展到普通人，但主要还是对统治者而言的。统治者最关心的就是江山稳固，因此，历代帝王都有专门负责观察记载天象的官员，每当有吉祥瑞征降临，都要祭祀上天，普天同庆。汉武帝获得“神鼎”，宋真宗获得“天书”，都要到泰山举行封禅大典。如果天降灾异，帝王往往要下诏自责，大赦天下。作为历代正史的《二十五史》，其帝王本纪中，最经常出现的就是某月某日天象如何、帝王采取何等措施的记载，可见当时的封建帝王和史官对此是多么的重视。

上天决定着人世的变化和个人的命运，因此对天意的预知成为古人非常关心的大事。早在西周王朝建立之初，商代遗臣箕子为周武王讲述治国的九项根本大法——“洪范九畴”，其内容之一为“解决疑问”，而通过卜筮了解天意则是解决疑问的最主要的方法。其实占卜的产生是很早的，仅就骨卜而言，目前为止考古发现最早的卜骨是公元前4000年前后的甘肃武山县马力乡傅家门遗址发掘的带有灼痕与阴刻符号的卜骨。商代是卜筮盛行的时代，特别是龟甲兽骨占卜非常流行，殷商统治者几乎是事必占问。周代以后，甲骨占卜因为占卜材料和占卜方法的问题逐渐没落，而筮法逐渐盛行，后经汉代人改造，成为中国古代占卜方式中最为重要的一种。随着筮法的流行普及，它不再为统治者所独占，从王公大臣到风流文士，直至普通百姓，都用它来询问天意、占卜命运。

古人认为，天不仅主宰着人类社会，而且从本原上讲，天产生了万物和人类。这种思想在《周易》中最为突出。《周易》基本的八卦——乾、坤、震、巽、坎、离、艮、兑，分别代表着天、地、雷、风、水、火、山、泽，其中乾为天、为父，坤为地、为母，其他六卦分别为天地的三对儿女。乾卦《彖传》说“万物资始”，意思是万物依靠乾卦代表的天产生。坤卦《彖传》则说“万物资生”，也就是说万物依靠坤卦代表的地生长。天地产生万物，而人则是万物之中最为灵秀者。《易传·序卦》曰：“有天地，然后万物生焉。”又曰：“有天地，然后有万物。有万物，然后有男女。”到了汉代，董仲舒进一步提出，天是人的曾祖父：“为人者，天也，人之为人本于天，天亦人之曾祖父也，此人之所以乃上类天也。”（《春秋繁露·为人者天》）既然追究人的根本，最终归结到天，因此人应该像敬奉自己的祖先一样敬奉天。董仲舒强调，作为人间最高主宰的天子应该代表人类祭祀上天，除了每年固定的祭祀，当有重大决策时，也要向天进行祭祀祷告。

既然天是人产生的本原，那么人伦秩序的根本规定，其根据也源于天。这也是古人敬天的一个重要原因。《荀子·礼论》认为天地是礼的三个本原之一："礼有三本：天地者，生之本也。"董仲舒则明确提出："道之大原出于天。"（《汉书·董仲舒传》）他指出："人之形体，化天数而成；人之血气，化天志而仁；人之德行，化天理而义；人之好恶，化天之暖清；人之喜怒，化天之寒暑；人之受命，化天之四时；人生有喜怒哀乐之答，春秋冬夏之类也。……天之副在乎人，人之情性有由天者矣，故曰受，由天之号也。"（《为人者天》）人的形体、血气、德行、喜怒好恶，都源自天，与天相类似，因此，人是天的副本，人的性情取决于天。天是人的性情的决定者，是人的行为规范的本原，因此人要敬事天，按照上天所昭示的行为规范去行动。

承认天是人伦秩序的依据，实际上就是承认人道源于天道。关于"性与天道"，即人道和天道的关系，是古人非常关注和努力探索的一个重要的问题，不仅儒家如此，道家亦然。简单地说，儒家和道家走的是不同的路线，儒家是由人道证天道，为人道寻求最高的根本依据；道家则是由天道探讨人道，从"道法自然"出发，探讨人道如何效法天道，达到自然无为。儒家一系从子思学派的《中庸》开篇的"天命之谓性，率性之谓道"，到孟子的"尽心，知性，知天"，又经中唐韩愈、李翱对子思、孟子重新发掘提高，最后到宋明理学完成人道的终极依据——天理的完全确立。

中国古人在关于人道和天道的讨论中，往往是循环往复的，特别是关于道德方面的论述。我们今天知道，天就是自然的天，没有什么人伦道德的内涵。但是古人却赋予上天以道德的内涵，这样势必会把本来属于人的属性赋予上天，如根据天人感应说，上天是具有奖善惩恶的道德评判的，这实际上是把人的道德标准赋予了天。同样，古人认为，天生万物，让人类衣食有靠，是充满仁爱之心的表现，天有春夏秋冬四时，就是天的喜怒哀乐的表现，等等。这样，古人就把本来属于人的道德规范赋予了上天，使之成为天道的一部分，反过来又要求人类遵循效法天道。这实际上是假借天道来推行人伦规范，为人的道德要求寻找一个高高在上的依据。这是古人论证天道和人道关系时经常采用的一种方式。

天人合一是古人讨论天人关系的重要命题。大致说来，儒家的天人合一说，是通过消除物我的界限，把宇宙看作是一个大我，从而达到“与天地万物为一”的道德境界。而老庄提倡的崇尚自然，是想要化解消除后天人为的种种束缚和执着，恢复人的纯真本性，从而达到一种自然无为的精神境界。天人合一的主旨虽然不是探讨人和自然的关系，但它对于我们正确看待人和自然的关系仍有一定的借鉴意义。

天道是人道的依据，因此遵循效法天道是古人为政处事的根本。从《管子》的《四时》《五行》，到《礼记·月令》、《吕氏春秋》十二纪、《淮南子·时则训》，都罗列与四时五行相配合的为政之道，大致说来，就是春天庆贺、夏天赏赐、秋天惩罚、冬天严刑。这些记述并不是简单的儒生常谈，而是确实落实到了实际的政治运作之中。如中国古代帝王四时祭祀和其他重大活动，大致与这些说法相符，再如古代实行的秋冬结案行刑，成为古代法制的定规。此外，古代官职的设定，同样是效法天道的结果。

法天思想不仅体现在为政之道上，而且表现在建筑、艺术等诸多方面。以建筑而言，不仅帝王生前的宫殿的总体布局设计是天上星辰布局的模拟，就是他们死后陵墓的设计也同样是天象的体现。明清两代祭天的天坛，更是法天思想的体现，圆圆的圜丘，整体圆形、屋顶蓝色的祈年殿，都透露出象天敬天的信息。

效法天道同样体现在人世行为方面。前面提到，中国古人习惯为人伦规范寻找天道的依据，这虽然有些牵强，但加强了人世伦理的崇高性，因此对于推行人世伦理是非常有利的。同时，古人还根据对自然天道的总结领悟，阐发人世行为的哲理。整个《易传》所体现的思想就是很好的例子，它把原本是卜筮之书的《周易》变为富于人生哲理的哲学著作，其思想魅力历久不衰。《易传》中充满了对体现天道的易卦的引申发挥，如谦卦《彖传》曰："天道下济而光明，地道卑而上行。天道亏盈而益谦，地道变盈而流谦，鬼神害盈而福谦，人道恶盈而好谦。"从天道的下济万物而更加光明、地道的处于卑微而地气源源上升等自然规律，总结出人道的恶盈而好谦，主张避免满盈，处于谦卑。在此之前出现的《老子》一书同样是把对自然天道的观察总结用于指导人世的行为。

中国古人对于自然的观察体悟，往往会联想到人事，表现出人道和天道的紧密联系，这与西方表现出的天人相分趋向是非常不同的。关于产生这一差异的原因，一般认为，作为西方文明发源的古希腊人，他们的生活是向外联系扩张，以航海贸易为主，因此具有挑战自然、战胜自然的勇气，在人和自然的关系上是相分和对立的。而我们的先民，居住在土地肥沃、靠近大河的地方，自然条件较好，生存相对容易，生活稳定，因此在人和自然的关系上是比较融和不分的。

中国古人在天人关系上所表现的对天的敬畏、效法正是古人天人相合相证、密而不分的体现，敬天的执着、法天的信笃在人类思想史上都独具特色，作为传统文化的一个重要组成部分，它对我们今天的思想和行为仍然具有一定的影响。因此我们需要认真分析总结这份文化遗产，吸收其中仍然具有生命力的东西。

主宰之天与命运之天

一　日月星辰，天上诸神

根据考古发现，在旧石器时代山顶洞人遗址的墓葬中，已经有随葬品，显然是想给死者身后使用，这表明当时的先民已经有灵魂观念了。同时发现，死者周围撒有赤铁矿粉末。考古学家和人类学家推测，红色是血和生命的象征，人死后血液枯干，放上同色的物质，其目的是希望死者到另外的地方永生。[①]另外，在新石器时代仰韶文化的半坡遗址中发现的瓮棺葬，作为上盖的盆、钵的底部往往凿出一个小孔，学者们一般认为这是供死者灵魂出入之用。

从上述考古发现我们可以推测，早在新石器时代，甚至更早的旧石器时代，我们的先民已经产生了灵魂不死的观念。先民由人自身灵魂观念推及周围的自然界，于是产生了自然崇拜。自然

① 贾兰坡：《中国大陆上的远古居民》，天津人民出版社，1978 年版。

界的日升月落、风雨雷电，天空中神秘星辰的斗转星移等等，都使先民感到敬畏和困惑，他们猜想在这些自然现象的背后，一定有什么神灵主宰的存在。

与广袤坚实的大地相比，辽远深邃的天空显得更为神秘莫测，今天还是风和日丽，明日可能就会狂风暴雨；今夜还是星光灿烂，明晚可能就会月暗星稀……这一切仿佛都是天上神灵喜怒哀乐的表现。而且在早期农业社会，收成的好坏几乎全部依赖上天的恩赐，而收成的好坏又是关系到氏族部落存亡兴衰的大事。因此当时的先民已经模糊地认识到，上天是万物的主宰，是人类命运的决定者。

近年来的考古发掘发现，新石器时代的红山文化和良渚文化的遗址中都存在把祭祀地点建在山顶的现象，很多学者认为，这样做是为了距离天更近一些，表明先民已经把遥远神秘的天作为死后灵魂归宿的“天堂”。这与《山海经》中记载的沟通人神的巫师多住在山上，以之为登天之梯的传说是一致的。另外，在商代遗址殷墟发现的甲骨卜辞中有在山上燎祭—— 一种焚烧玉器或牺牲祭神的祭祀活动——的记载，从另一方面印证了学者们的猜测。《史记·封禅书》载，春秋五霸之一齐桓公的重臣管仲对齐桓公说：“古者封泰山禅梁父者七十二家。”说古代很多帝王都在泰山举行祭祀天地的仪式。秦代及以后，很多帝王都亲自到泰山举行祭天大典。最初的起因是古人认为泰山最高，因而离天最近，其祭祀和祷告容易被上天感知。

《古文尚书》说：“六宗，天地神之尊者，谓天宗三，地宗三。天宗日月星辰，地宗岱山河海。”（孙星衍《尚书今古文注疏》卷一注引）这是说，在天地诸神中，最尊贵的天神为日、月和星辰，最尊贵的地神为岱山、河、海。对于天上诸神的崇拜，我们可以从考古发现中找到很多较早的证据，如在新石器时代的陶器上曾发现太阳纹和日、月的形象。另据殷墟卜辞记载，殷人曾对日、月、鸟星、火星、岁星、彗星、风、云、雨等进行祭祀。

在日、月、星辰中，对人类的生活影响最大、最受重视和崇拜的是太阳。太阳东升西落，给人类带来光明和温暖，但它也能给人类带来痛苦和灾难。比如在炎热少雨的夏日，人们真希望太阳少散发一些热量，或者干脆别出来了，但太阳还是如期出行，炎热如故，不因为人类感到痛苦而改变，似乎毫无怜悯之心，因为这是自然规律。古人不懂得这是自然规律，于是有“后羿射日”的传说，说天上原来有十个太阳，每天轮流出来，自然界一切正常。但是忽然有一天，十个太阳想换个做法，大家一起出行。结果连日骄阳似火，赤地千里，人类无法生存。于是有一位擅射的英雄后羿，射下九个太阳，恢复了正常的太阳运行，人类生活得以恢复正常。“后羿射日”表达了人类想征服、改变自然的美好愿望，但在这背后，我们还是能够体会到当时人们对太阳的敬畏。太阳实际上是无法改变的，于是人们只能在神话传说中寄托希望和梦想。

“日”字的象形字在中国远古出现得很早。从文字学、出土文物和古代文献传说记载多方面综合考察，华夏民族的“华”“夏”二字是对太阳的不同称谓，而传说中华夏族的首领炎帝、黄帝、太昊、少昊则是太阳酋长的不同称谓。这表明与世界上其他民族一样，华夏族也崇拜太阳神，并且认为自己是太阳神的后代。从考古资料来看，对太阳神的崇拜可以追溯到新石器时代，如在河南庙底沟、郑州大河村等仰韶文化遗址中就发现了绘有太阳纹的陶片，在内蒙古狼山和广西花山的岩画中都发现了关于拜日和迎日情景的画面。从文献记载方面讲，《山海经》中有“羲和生十日”的传说；《尚书·尧典》记载了传说中“五帝”之一唐尧时有迎送太阳的仪式；到了殷商时期，殷墟卜辞记载了殷人对初升和将落太阳的祭祀。周代继承和保留了对太阳神的祭祀崇拜。

在没有发明照明之前，皎洁的月光是先民夜晚唯一的光明来源，在没有月光的夜晚，人们也会感到莫名的恐惧：是不是月神发脾气了，才让人们在黑暗中摸索？同时，先民又在揣测：月亮上都有些什么神仙呢？于是有了“嫦娥奔月”这个著名的神话传说。相传射日英雄后羿的妻子嫦娥因为偷吃了西王母送给后羿的不死药，飞升到月亮，成为仙子，从此一个人面对月宫中的寒冷孤寂。唐代诗人李商隐的著名诗句“嫦娥应悔偷灵药，碧海青天夜夜心”借用的正是这个神话传说。

此外，《山海经·大荒西经》有“常羲生十二月”的记载，这似乎与一年中有十二个月有关。月神在天上诸神中的地位比较低，往往处于从属的地位。《礼记·祭义》中说：“郊之祭，大报天而主日，配以月。”这是说，在郊祭祭天时，以太阳为主要神灵，月神为陪衬。

作为太阳之母的羲和与作为月亮之母的常羲，在殷代卜辞中分别被称为“东母”和“西母”，享受祭祀之礼。经过时代的变迁，到汉代开始被称为“东王公”和“西王母”。

浩瀚宇宙之中璀璨的星辰给先民带来了神秘之感，斗转星移，流星陨落，彗星掠过，都使人产生种种联想。随着人们对天文学的认识，先民认为星辰与气象以至农业都有很大的联系，因此当时对星辰的崇拜主要集中在对农业历法有参照意义的星辰，如商人的辰星和今人的参星。《尚书·洪范》说："庶民惟星，星有好风，星有好雨。"这是说，每个人都对应着天上的一颗星，有的星星喜欢刮风，有的喜欢下雨。《周礼·春官》中有专门掌管祭祀星辰的官员——保章氏。战国时期，占星术也相应盛行，人们认为，某种星相必定给人们带来某种吉凶祸福。并且流行分野说，认为天上的二十八宿与地上的诸侯各国相对应，通过观测天象来预言吉凶。关于天上的星辰和地上的人类相对应、影响的说法流传甚久，在古代文学作品中有很多反映。例如，著名小说《水浒传》中的一百〇八条好汉被认为是天上的天罡星和地煞星下凡。又如，小说《三国演义》中，诸葛亮夜观天象，看到将星将要陨落，预感自己将不久于人世。《儒林外史》中范进的老岳父说，中举的人都是天上的文曲星下凡。这种观点，并不是他老人家的首创，而是广大民众普遍接受的一种认识。

在众星之中，由七颗星组成的北斗星座被认为是天空的中枢，所有恒星都绕着它转动，因此在古人心目中有极高的地位，被认为是天庭中的最高神，后来又被道教赋予"太一""天帝""皇天大帝"等名号，其情形犹如人间的最高统治者皇帝。

二　天地

在中国最早的成熟文字——商代的甲骨文中，已经有“帝”字出现，但这个“帝”字还不是后来作为至上神的“帝”或“天”。从对卜辞中商代诸神职责的考察，我们会发现，在殷人的观念中，支配各种气象，产生风、雨的能力并不是“帝”的专利，社神、河神和山岳之神也有这种神力。因此商代的“帝”或“天”只是商代的众神之一，而不是至上神。并且，“帝”不是适应人间的需要安排风雨，而是漫无目的，“帝”的降祸降福并不是根据人世君王行为的好坏，而是有很大的随意性。从这一点看，“帝”实际上是自然之“天”。据统计，在殷人祈求丰年的四百多条卜辞中，多是向社神、河神和山岳神以及王亥、上甲等祖先神的祭祀祷告，“帝”和年成有关的卜辞仅占三条。此外，殷人遇事只是向“帝”提出问题，如会不会刮风下雨，会不会干旱，等等，而没有奉献祭品，这也是与其他自然神和祖先神的不同之处。从上面的几个方面看，“帝”并不处于高出其他神灵、统摄一切的地位。

真正作为至上神的“帝”或“天”，出现在周代。以祖先神配属于天帝，是周代才有的事情。如《诗经·文王》说：“文王陟降，在帝左右。”也就是说文王的神灵的升降，都紧紧跟随天帝的左右。《诗经·大明》又说：“维此文王，小心翼翼，昭事上帝，聿怀多福。”这是说周文王小心翼翼地奉事上帝，以求给周人后世带来幸福。这表明，到周代，祖先神已经不能和天帝平起平坐，而是处于从属的地位。

《孝经·援神契》说：“社者，五土之总神。土地广博不可遍敬，故封土为社以祀之，以报功也。”作为五土总神的社，由于土地辽阔不能一一祭祀，因此累土为社，加以祭祀。作为五土总神的“社”，在商代已经出现，当时称为“土”，从卜辞来看，在当时作为后来社神的“土”已经摆脱了原始土地崇拜的性质，它不但掌管农业的丰年与否，而且还兼管风雨日月等气象、天体。到了周代，土地神被明确称为“社”，其职能进一步扩大，由自然发展到人事，甚至成为国家的保护神。从《左传》《礼记》等书的记载来看，社神的职掌非常广泛，对社神的祭祀也非常频繁，从春耕时的祭祀“春祈”，秋收后的祭祀“秋报”，冬天杀牲后的祭祀“蜡祭”等常规祭祀，到发生战事时的祭祀和载之出征，天子外出打猎以及遇到日食、月食、天旱等自然灾害时的祭祀，等等。

这样，至少到周代时，天神和地神成为对国家至为重要的神灵，对天地和祖先神的祭祀成为统治者掌握的最重要的权力。

关于天地的起源产生有很多神话传说。最著名的有“盘古开天辟地”“共工怒触不周山”“女娲补天”等。相传世界最初是漆黑混沌一片，创世英雄盘古即出生在这样的世界中，盘古氏将世界分为两部分，阳清为天，阴浊为地，后世人才有幸在晴朗的天空下，生活在坚实丰沃的土地上。到了后来，共工和颛顼争夺帝位失败，一怒之下撞倒了不周山，支撑天的柱子折断，天向西北倾斜，所以日月星辰向西北转动，地向东南塌陷，于是江河之水流向东南。由于立天的四极废毁，天下九州分裂，天不能完全覆盖地，地不能完全承载天。于是女娲氏炼五色石补天，斩断巨鳌的脚撑天，使天地恢复原来的秩序。

在先秦各学派中，道家最重视宇宙产生的理论。《老子》曰："有物混成，先天地生，吾不知其名，字之曰道，强为之名曰大。"又云："道生一，一生二，二生三，三生万物。"这是说在天地万物之前存在的是称为"道"或"大"（太，又称太一）的东西。所谓"一生二"，是指先天地而生的元气分为二，根据后来的解释，清轻者上升，形成天，浊重者下降凝聚，形成地。"二生三"，是指天地产生人，形成三类。"三生万物"是指天地人共同产生了万物。《老子》中还有"天地不仁，以万物为刍狗"的说法，虽然历来对这句话有不同的理解，但至少我们可以说，老子认为天地具有决定万物的能力。

根据《周易》中的说法，天产生万物，地承载养育万物。乾卦象征着天，万物依靠天产生，天统治着大自然。它萌生万物，天下都得到安宁。坤卦象征着地，万物依靠大地成长，大地秉承天的旨意。那么人在其中的作用是怎样的呢？人是"赞天地之化育"，即辅佐天地的生养化育之功。

古人对天地的敬畏崇拜，其中一个原因是天地的生养化育之功。《荀子》在讲到礼产生的三个本原时说，礼法的制定有三个根据：天地是万物生命的根本，先祖是人类延续的根本，国君和老师是统治的根本。没有天地，万物怎么能产生？所以，礼法规定，要上尊崇天，下敬奉地，尊敬祖先，崇敬国君老师，这才是礼法实行的根本。《礼记·礼运》还说："夫礼必本于天，殽于地，列于鬼神。"这说明礼在很大程度上与天地鬼神有关。

由于天的至上神地位和地的领土国家象征，以及生养化育之功，因此在古人心目中天地对于一个国家兴衰和民众生活的幸福与否都有着极其重大的影响。正因为如此，天地受到历代帝王的重视，除了郊祭和春秋两次社祀外，还要到泰山举行封禅大典来祭祀天地。

天地作为一种决定和统摄力量，不仅在统治者和上层社会中受到重视，而且在民间也有很重要的地位和影响。直至今天，人们还经常把人遇到意外或灾祸时的伤心绝望形容为“哭天喊地”；当遇到绝境无人救援，或受到不公正待遇无处申诉时，就说“叫天天不应，叫地地不灵”；当说到一个伟大的事件、举动时，常说“惊天动地”；形容功业伟大时，又说“经天纬地”，如此等等。这反映出在人们心目中，天地是正常秩序的制定者和维护者，是最终的决定力量，是具有最大外延的一个范畴。

三 对命运之天的敬畏

在商代及以前的时期，虽然当时还没有产生作为至上神的天，但人们对主宰命运的诸神的敬畏和崇拜却是非常普遍的。从殷人对祖先祭祀最为频繁的事实，以及祭祀的内容来看，他们认为个人和邦国的命运更多地是由祖先神决定的，因此要经常对祖先神进行祭祀，希望能够得到他们的庇护和保佑。

据《尚书·西伯戡黎》记载，殷代贤臣祖伊眼看着西伯周文王战胜殷属国黎，势力不断扩大，赶紧跑到商纣王那里劝诫纣王说：“看来我们殷人的天下快要结束了。我们向神龟卜问，结果不吉。这不是先王的在天之灵不保佑我们，而是纣王您过分放纵奢靡的缘故，因此上天遗弃我们。”但是商纣王却不以为然，自认为“我生不（否）有命在天”，即是说，我是否活着是由上天决定的。祖伊回答说：“你的罪状已经列在天庭，怎么能抗拒上天的诛罚呢？”依祖伊的说法，决定商王朝命运的是祖先神和天。在商纣王这里，天命是不可改变的，而祖伊则认为，天命会因为人的行为的好坏而改变。这段故事记载的是商朝的事，但天命改变的观念更像是周人的思想。

在周代，天成为总揽一切、决定一切的至上神，周人对于命运之天充满了虔诚和敬畏。《诗经·维天之命》就说：“维天之命，于穆不已。”意思是说，天命肃穆，永不停止。《诗经·我将》又说：“我其夙夜，畏天之威，于时保之。”意思是说，我们周人日夜不敢忘记上天的威严。周人开始称国王为“天子”，上天是最高主宰，天子是人间的主宰，而天子的命运也是由上天决定的，因此周天子对上天更是充满敬畏之情。

周人认为文王、武王推翻商纣统治是上天的旨意。在《尚书》《诗经》以及当时的青铜器铭文中充满了这样的表述。如《诗经·大雅·大明》云“有命自天，命此文王”，《大盂鼎》的铭文云，“文王受天佑大命”，《诗经·昊天有成命》又云“昊天有成命，二后受之”。就是说对于上天的定命，周文王、武王只有恭敬遵从。《尚书·康诰》说：“天乃大命文王，殪戎殷，诞受厥命。”即是说上天命文王讨伐商纣，接受天命。在《尚书·多士》中周公对商代的遗民说：上天降下丧亡的命运给殷王朝，我们周人受到上天的福佑，依靠上天的威严，执行上天的惩罚，使殷人的王朝结束在天帝的面前。此外，《尚书·牧誓》和《逸周书·克殷》等篇一再强调周人克商是“恭行天之罚”，即恭敬执行上天对殷王朝的惩罚，是“受天明命”，接受上天赋予的使命。

在周人天命思想中，天命并不是专断和不可改变的。如《尚书·君奭》说“天不可信”，《尚书·西伯戡黎》说“惟命不于常”，《尚书·康诰》说得更明白：上天对人间命运的决定并不是固定不变的，而是根据人的行为的善与不善，行善就降给吉祥，行不善就降下祸殃。从这个意思层面我们再来理解“天不可信”，实际上并不是说天命不可信，否定天命，而是说，天命是可以改变的，不能像商纣王那样，自信负有天命，任意妄为，而必须小心谨慎，兢兢业业。

周人认为天的最主要权威即在于天命予夺，这种天命的予夺并不是随意的，而是有一定的根据。这种根据就是统治者的政德和人民对统治者的反应。殷人之所以失掉了天下，正是由于商纣王暴虐不仁，失去人心。因此说，“皇天无亲，惟德是辅”（见《左传·僖公五年》），上天对人没有远近亲疏之分，而是辅佐那些有德行的人。“天视自我民视，天听自我民听”，上天根据人民的视听决定一个王朝的命运。因此周人提出了“敬德保民”的思想。

那么天的意志怎样体现呢？根据天人感应学说，若君主行善政，上天就奖赏给风调雨顺和吉祥的征兆；若君主行恶政，上天就通过自然灾异给予惩罚警告。历来统治者对吉祥和灾异的征兆都很重视，反映了他们对天命的敬畏和重视。有关天人感应的详细内容，我们将在第四章中具体讨论。

上面主要介绍了帝王统治者对命运之天的敬畏。先秦诸子的兴起，事实上是中国真正的知识阶层的兴起。他们对命运之天的态度，代表着当时的先进思想，并对以后的知识阶层具有深远的影响。

周代的天命思想在先秦诸子中得到继承和改造，《庄子·天地》中说："君原于德而成于天"，这与"皇天无亲，惟德是辅"的思想是相类似的。《墨子》则借天命鬼神思想为自己的"兼爱"等主张寻找根据。如在《天志》中墨子强调，上天的意志是让人们兼相爱，交相利。在墨子的思想中，一方面承认天有意志，一方面又否定命运，似乎有些矛盾。但细读《非命》我们就会知道，墨子所否定的是命中注定的富贵与贫贱和不思进取的思想。墨子说，世道人民没有变，夏桀、商纣这样的暴君治理就天下大乱，成汤、周武王这样的仁君统治就天下太平，因此不能说有命运的存在。同样在《天命》篇，墨子指出，天子是天下最尊贵最富有的人，而要想保持这种富贵的地位，就要顺从天意。顺天意，兼相爱，交相利，就能得到上天的赏赐。相反，如果违背天意，互相憎恶残害，就会受到上天的惩罚。墨子的这种思想应该说与周人的天命无常思想非常类似，其目的在于强调通过后天的努力来适应天命。所不同者，墨子所说的天命，很多时候是用来作为自己的主张的根据。

作为儒家创始人的孔子，其天命思想对后世有着很大的影响。据统计，仅就《论语》来看，出现"天"字十九次，"天命"三次，"天道"一次，另外还有数次提到"命"，意义与"天命"相同。由此可见孔子对天命的重视。《论语·季氏》记载，孔子说：君子有三件畏惧的事：一个是天命，一个是大人，即德行高尚的人，最后是圣人的言论。之所以畏惧德行高尚的人和圣人的言论，是因为君子同样追求的是道德高尚，因此唯恐做了与德行高尚的人和圣人言论相悖逆的事。由此我们可以推论，所谓畏天命，同样是要自己按照天命的意志去恶扬善，不做违背天意的事。因此《八佾》篇又说：如果做下错事，受到上天的罪责，即使祷告也没有用。在《为政》篇孔子说自己“五十知天命”，能够知天命已经是一种很高的道德境界了。在《尧曰》篇孔子又说：不知道天命，就不能成为君子。知晓天命成为做君子的一个重要条件。由上述可见，在孔子看来天命是非常重要深奥的，他自己也是非常重视的。

孔子对制作周礼的周公非常崇拜，他自己以恢复周礼、振兴周王朝为己任。孔子认为这一切都是上天的安排，因此有很强的使命感。当孔子遇到挫折和危难时，正是这种使命感和对天命的自信使他能够对眼前发生的一切泰然处之。当时宋国的司马桓魋想害孔子，孔子说：“上天赋予我这样高的德行，桓魋能把我怎样呢？”孔子和弟子又遭到匡人的围攻，孔子仍然临危不惧，他说：“周文王去世之后，大道已经不存在了吗？如果上天想要放弃大道，像我这样的后来人就不会了解道；如果上天还没有放弃大道，匡人又能把我怎么样？”在这里孔子同样表现出对上天赋予的恢复周礼、弘扬文武之道的使命的自信与自负。从孔子这种强烈的使命感和他一生周游列国、希望实现自己的政治理想的事迹来看，孔子所说的“畏天命”并不是说在天命的安排下无所作为，而是要积极行动，实现上天赋予的使命。这种使命感也是后来激励知识阶层不辞劳苦，甚至不怕丢掉性命去拯救民众的精神支柱之一。

孔子曾说："不怨天，不尤人，下学而上达。知我者其天乎！"他表示，自己不被理解时，不埋怨上天和别人，认为真正能理解他的只有上天了，从而表现出很强的自信和自负。可是当他最得意的弟子颜回不幸英年早逝时，他痛苦地感叹："天丧予！天丧予！"他悲痛道义失传，觉得就像上天让自己死掉一样。在这里孔子表现出对命运的无奈和失望。

对命运之天的敬畏在民间更为直接广泛，《论语》所说的"死生有命，富贵在天"的思想在民间有着深刻的影响，使很多人安于现状、不思进取，更多地表现出其负面作用。

自然之天

一　天圆地方与盖天说

东汉末年有一位著名的大学问家名叫蔡邕，他在总结前人关于宇宙的学说时说，讨论天体理论的有三家学说，一个是周髀说，一个是宣夜说，一个是浑天说。其中周髀说是指中国古代一部数学书《周髀算经》中提出的盖天说。该书最早系统地提出了盖天说，是中国第一部关于测量、计算表影，把盖天说宇宙理论加以数量化阐述的书。关于该书的成书年代有不同看法，一般认为不晚于战国末年。

盖天说并不能简单地等同于天圆地方，只能说盖天说是在天圆地方观念的基础上形成的关于宇宙模式和天体运行的理论。

浩瀚的星空和无边的大地，曾使远古人类产生神秘之感，他们不断探索思考，想知道天地究竟是一个什么样的形状和结构。可以说天圆地方是人们对天地的直观、朴素的认识。战国时期楚国著名的辞赋家宋玉在《大言赋》中说："方地为车，圆天为盖。”南北朝时期北朝有一首著名的民歌：“敕勒川，阴山下，天似穹庐，笼盖四野。天苍苍，野茫茫，风吹草低见牛羊。”这首优美的民歌表现的还是古老的“天圆地方”宇宙观念。

随着人们认识的提高，天圆地方说逐渐受到人们的怀疑。《大戴礼记·曾子·天圆》记载有一个叫单居离的人问孔子的学生曾子：“天圆地方，真是这样吗？”曾子说：“如果天是圆的，地是方的，那么天不就不能盖住地的四角了吗？我听孔夫子说，天道圆，地道方。”曾子否定了天圆地方的说法，并把关于自然现象的讨论转向了人事伦理。《吕氏春秋·圜道》也提到天圆地方，但却赋予了不同的解释：天圆是指天的变化多端，地方是指地上万物规规矩矩很少变化。由此，也引申出政治上的做法。从这里我们也可以看出中国古代思想的一个特色，那就是对自然界的观察探讨浅尝辄止，往往从中引申到世事人伦，加以发挥。但是曾子提出的对天圆地方的疑问，即如果天地的形状真的是天圆地方，则会产生天地无法覆合的矛盾，使人们又对这种说法进行修改补充。人们认为天不是直接覆盖大地的，而是地上有柱子支撑着天，第一章中提到的“共工怒触不周山”和“女娲造人补天”的神话传说中就反映了这一点。战国时期楚国著名爱国主义诗人屈原在《天问》中曾经追问：支撑天的八根柱子究竟指哪八座山？九层天的边缘在哪儿？同样也是这种认识的体现。

天圆地方这种朴素的宇宙观虽然被后来更先进的观点代替，但它对一般的中国人甚至封建统治阶层的影响却最大。商代以来流行龟卜法，古人之所以迷信龟的灵验，其中一个原因可能是因为龟隆起的背甲和平坦的腹部跟古老的天圆地方说有某种联系，近乎圆形而又隆起的龟甲象征着天，接近方形而又平坦的龟腹象征着地。小小的龟甲、龟腹成为天地的缩影，因此它才能通晓天地万物的过去和未来，为人们预示吉凶祸福。此外，从战国时期秦国开始直到清代使用的圆形方孔铜钱也是天圆地方观念的反映。明清两代帝王祭祀天地的天坛、地坛的圆形、方形设计也是这种观念的体现。可以说，在这些例子中，天圆地方已经摆脱了最初对天地形状的朴素直观的认识，而上升为对天地的抽象指代。

根据《晋书·天文志》和《周髀算经》的有关记载，盖天说与天圆地方的不同在于盖天说不再认为地是平整的方形，而是与天一样，是一个拱形，就像一个倒扣着的盘子。天地之间相距八万里，北极是天的最高点，日月星辰分布在天盖上并随之转动，在地上产生昼夜，又由于太阳在天盖上转动的轨道不同而产生四季。人生活在地的最高点，天地的最高处都比最低处高六万里，因此地的最低处比北极低两万里。地为拱形的想法反映了随着人们生活活动领域的扩大，对大地表面的认识也在不断进步。

对于日月星辰在升起来之前和落到地平线之下之后在哪里这一问题，盖天说的解释是，日月星辰绕着北极旋转，离人们时远时近，而日月星辰的光照距离是有限的，如太阳照耀四周的距离是十六万七千里。这样日月星辰离我们远了，我们看不到，就以为它们落下去了。盖天说的这种说法受到后来学者的责难。盖天说在汉代以前是主流的天文学说，汉代以后逐渐被浑天说所取代。其原因正如蔡邕所说，盖天说的许多说法与天文现象不符，因此不为史官接受。中国古代的史官一般都负责天象、历法，因此对天文都很精通，这是中国史官的传统。如我们所熟知的汉代著名的史学家，做过太史公的司马迁对天文就很熟悉，而东汉的天文学家张衡也曾经做过太史令。史官对盖天说的否定直接影响了当时主流宇宙观念的发展变化。

盖天说虽然被浑天说所取代，但其中某些内容对后来的天文学仍产生影响，如盖天说的七衡六间图，对后来的历法有着重要的影响。

二 浑天说

《慎子》说："天体如弹丸，其势斜倚。"与盖天说认为天是半圆的不同，慎子认为天是一个倾斜的整球。《文子·自然》则说"天圆而无端，故不得观其形"，似乎已经假设天是一个无限的整的圆球，因此无法看清它的形状。《庄子·天下》记载了与庄子同时的惠施的两个命题。其一，"南方无穷而有穷"。如果按照盖天说，地是半球形，南方应该是有尽头的。其二，"我知天下之中央，燕之北，越之南是也"。燕国本来在北，越国在南，如果地是平面或半球形，是不会出现天下的中央在燕国的北边、越国的南边这种情况的。因此有学者认为，惠施这两个命题是以地球是个圆球为假设前提的。[①]

一般认为最早比较系统提出浑天说的是东汉著名的天文学家张衡。在张衡之前，西汉武帝时的一位民间天文学家，名叫落下

① 郑文光、席泽宗:《中国历史上的宇宙理论》，人民出版社，1975年版。郑文光:《中国天文学源流》，科学出版社，1979年版。

闳，曾经制作符合浑天说的观测天体的仪器——浑天仪，并且根据此仪器修改了当时的历法，改颛顼历为太初历。

到了东汉，张衡也制作了一个浑天仪，以水为动力。这个浑天仪的主要部分是一个铜制的圆球，天上的星星都布置在球面上，圆球转动，星星的出没合升降与真正的天穹一样。

张衡在为浑天仪作解释的《浑天仪注》中说：整个宇宙像一个鸡蛋，天体是像泥丸一样圆的球体，大地像鸡蛋中的蛋黄，悬在天中，因此天大地小。天球的表面和内部都有水，天包裹着地，就像鸡蛋壳包着蛋黄。大地浮在水上。整个天球内壳分为三百六十五度又四分之一，又分为地上地下两部分，每部分各一百八十二度八分度〇五。天球有北极和南极两个极，两极相距一百八十二度半多一点，北极在地平线上三十六度，南极则在水下。因此整个天球相对于地球是倾斜的。天球绕着北极和南极这根轴线如车轱辘般转动，一半常在水下，一半常在水上，因此嵌在天球内壳的二十八宿也就半隐半现。为什么称为“浑天”呢？张衡说：天球绕着轴线像车轮一样不停地旋转，这种情形“浑浑”（混浊，纷乱），因此称为“浑天”。

三国时的王番也有类似的说法。他认为，天地的形状就像一个鸟蛋，天包裹在地的外边，就像蛋壳包着蛋黄，周而复始运转没有尽头，形状浑浑然，混浊纷乱，因此称为“浑天”。天一半覆盖在地上，一半在地下，以南北两极为轴，天空和日月星辰以一定的倾斜角度旋转。

浑天说也是随着天文实践而不断发展的。盖天说和浑天说都认为太阳和月亮的直径都是一千里，那么在地球和天球内壁之间至少要有一千里的缝隙，太阳和月亮才能通过。也许是出于这种考虑，张衡对圆形天球做了细小的改动，东西方向增加了一千里，南北方向减少一千里，这样就为太阳、月亮的东升西落留下了空间。最早的浑天说认为，天球里面盛有水，而地球就浮在水面。这样的话，附在天球内壁、随着天球绕地球转动的日月星辰，当它们运行到地平线以下时，如何从水里通过呢？东汉时期的思想家王充在《论衡·说日》中就提出过这样的疑问："天怎么从水中运行呢？一定不是这样的。"对此，有的浑天说家解释说，天属于阳性的东西，出入水中跟龙相似。并举六十四卦中具有日出地面、日入地面和天入水中卦象的易卦证明。而且认为，天属五行中的金，金和水是相生的关系，因此天出入水中没有什么损害。这是以阴阳五行学说来解释这一问题，并不能够令人信服。

随着元气本体论的发展，浑天说就改称地球浮于气中。典型的说法见于元气说盛行的宋代，当时的思想家张载在《正蒙·参两》指出"地在气中"，也即地球被气包围着。他还认为冬夏的冷热是由于地球升降时离太阳的远近不同造成的。他说，地球被气包围着，夏天气上升，地球随之上浮，离太阳近了，天气就热；冬天气比较稀薄，地球随之下降，离太阳远了，天气就冷。

按张载的说法，气是地球升降的动力。明代的张潢又提出了另一种解释。他也认为天地的关系如同鸡蛋壳和鸡蛋黄，但地球既不被水也不被气包围，它的周围是空虚无物的，地之所以悬在虚空中而不坠落，是因为包围在它外面的天球昼夜不停地旋转，一刻也不停。这在当时是一种很进步的想法。

与盖天说相比，浑天说对于宇宙的认识已经进了一大步。

根据浑天说制成的浑天仪和浑象所表示的天体星象位置与实际相符，证明了它的正确性。浑天说对于天上下包围着地和日月星辰的升起落下的解释更接近真实。盖天说虽认为天地是球面的，但是却采用平面的七衡六间图计算描述球面的轨迹，因此与实际的误差非常大。而浑天说由于采用浑仪和浑象来观测、描述天体在球面上的视运动，准确度大大提高。根据浑天说和浑天仪器制定的历法的准确性也大大提高，并能较准确地预测日食和月食。

尽管浑天说比盖天说精确、进步得多，但是作为宇宙结构体系来说，它仍然不符合真实。天球的概念完全是一个假想的概念。现代天文学早就证明，地球不是宇宙的中心，而无限的天空也没有什么天球。

任何新的学说的出现并不是马上就被人们接受的，历史上浑天说曾经与盖天说进行过论争。根据汉代学者桓谭《新论》的记载，西汉末年著名的学者扬雄本来是相信盖天说的，后来经过桓谭运用浑天说对实际现象进行解释，转而相信浑天说，并且写了《难盖天八事》，从八个方面指出了盖天说的缺陷。南北朝时，南朝梁武帝萧衍曾经聚集儒生于长春殿，让他们观测天体，并撰天体之义，这批人竟全都反对浑天说而赞成盖天说。浑天说遭到反对还有一个非天文的原因，那就是盖天说来源于天圆地方的观念，而“天道曰圆，地道曰方”体现了“天尊地卑”的观念，象征着封建等级制度，因此受到统治者的重视和维护。

后来有人力图调和二说，形成了所谓“浑盖合一”说。北齐信都芳说：浑天说向下观察天象，以《灵宪》为经典；盖天说向上观察天象，以《周髀》为根本。虽然向上向下不同，但是最后的归结点却是一致的。（《北史·信都芳传》）南朝的崔灵恩说：儒者讨论天时，浑天、盖天各执己见，或指责盖天说不符合浑天说，或指责浑天说不符合盖天说，现在我提出一个主张，将浑盖合一。浑天说虽有继承盖天说的方面，但是二说的差异是非常大的，因此是不能调和的。

因为浑天说比盖天说先进科学，在汉代以后的一千多年的封建社会中，浑天说一直在天文学领域处于主流地位。今天我们仍然可以在南京的紫金山天文台和北京的古观象台看到清代或早些时期的浑象。

三 宣夜说

浩瀚天空曾经引起了许多古人的奇思异想：天空是否有尽头，宇宙是否有极限？这些问题一直萦绕在许多古人的心头，对宇宙是否有边际的探索，代有其人，不曾停息。

《庄子·逍遥游》中追问：天色苍苍，是它本来的颜色吗？天远到没有边际吗？《列子·汤问》借商朝开国君主汤和其大夫夏革的对话，探讨宇宙是否有极限的问题。商汤问夏革："上下八方有尽头吗？"夏革回答说不知道。商汤非要他回答，于是夏革做了回答，大意是说，无极限之外还有无极限，无尽头之外还有无尽头，因此上下八方是没有极限没有尽头的。《淮南子·齐俗训》曰："往古来今谓之宙，四方上下谓之宇。"时间上的古今称为宙，空间上的四方上下称为宇，因此古人的宇宙观念包括了时间和空间两部分。

到了明代，杨慎仍然在关心这个问题，他说：天有极限吗？如果有，极限外是什么呢？天没有极限吗？可是凡是有形的东西就一定有极限。

下面我们看看中国古代天文学理论中关于宇宙无限理论是怎么说的。

前面所述盖天说和浑天说，主要讨论的是宇宙的结构理论。在中国古代天文学理论中，还有关于宇宙无限性的理论。中国古代宇宙无限理论大致有三种。第一种是浑天说，浑天说除了讨论宇宙的结构，也涉及宇宙的无限性问题。其中最具代表性的是张衡的“过此而往者，未知或知也。未知而知者，宇宙之谓也。宇之表无极，宙之端无穷”的说法。这是说天球之外的情况不太清楚，总称为宇宙。宇宙是无穷无尽、没有边际的，而天是有穷尽的，外边包着一层固体的硬壳——天球。第二种为平天说，也称为方天说。平天说是东汉著名的思想家王充在《论衡》中最早提出的。但在王充的理论中，宇宙还不是无限的。王充认为，天和地都是非常大的平行的平面，天地之间的空间也是非常大的。他说天像一个穹形，日月星辰出现在地平线，都是人的眼睛的错觉。这一奇特的宇宙学说在唐代文学家、思想家柳宗元那里得到了发展。他把王充的“非常大”的天地发展为“无限大”，天地之间的空间也就“无限大”，因此宇宙是无限的。第三种是宣夜说，由于这种学说比前两种学说要系统详细，本节将重点介绍。

为什么称为宣夜说？有三种解释：

1. 宣夜是人的姓名。

2. 宣，明也；夜，幽也。宣夜说是研究白天黑夜变化的学说。

3. 以晚上观测星辰为中心工作的一个天文学派。[①]蔡邕说："宣夜之学，绝无师法。"这表明宣夜说在当时不是什么"名门正派"，并不为人重视。正因为如此，关于宣夜说的材料很少，系统的论述仅见于《晋书·天文志》。据该书介绍，关于宣夜说，汉代秘书郎郗萌记载他的老师传下来的说法是：天没有形体物质，仰首望去，高远没有尽头。天本来没有颜色，因为人离得太远，透过气远远望去，天苍苍然，显示出蔚蓝的颜色。就比如远远望去，黄色山岭变成了青色，很深的山谷变成了深黑色。青色不是山岭本来的颜色，而黑色本来是没有形体的气。日月星辰都浮在空中，它们的运行停止，都依赖着气。因此日月和五大行星有的离开，有的停留，有的顺时针运行，有的逆向运行，出现隐藏无常，进退不同，原因是因为它们悬浮在空中，没有依托。而北极星固定在一个地方，不和众星一起西沉。填星（土星）等向东运行，太阳一天走一度，月亮一天走十三度，快慢不同，因此可见众星是无所附着的。如果它们附着在天球上，是不会这样居处不定、时隐时现、快慢不同的。

根据这些论述，宣夜说主要的论点是：一、认为宇宙是无限的，其中充满了气；二、否认有天球的存在，日月星辰不是附着在天球上，而是飘浮在气中；三、日月星辰的运行不同，原因是它们不是固定在某一物体上。这些观点虽然有的从现代天文学看仍然是错误的，但在当时却是巨大的进步。

① 周桂钿：《天地奥秘的探索历程》，中国社会科学出版社，1988年版。

宣夜说也是逐步发展完善的。在很多古代文献中我们可以看到宣夜说的萌芽或痕迹。

如《黄帝内经·六微旨大论》说：天的远处像仰望浮云，像俯视深渊，深渊还可以测到最底，而浮云则不知道它的终极。该书《五运行大论》记载了黄帝和岐伯的一段对话。黄帝问：地是最低吗？岐伯说：地只是在人的下面，在太虚的中间。黄帝又问：太虚是空的，地是怎么停在中间的呢？岐伯说："大气举之也。"这是说地球浮在大气中。

《列子·天瑞》讲了一个杞人忧天的故事。杞地有一个人整天担心天要塌下来，忧心忡忡，于是有个人开导他说：天是由气构成的，气无处不在。地以上都是气，都属于天，因此人的俯仰喘息都在气中进行，实际上也就是整天在天空中运动、停止，为什么还要担心天会崩塌呢？这里《列子》提出了天是由气组成的观点。

三国时的杨泉在《物理论》中认为天没有形体，只是元气，像"烟在上"。

东汉时的黄宪以问答的形式讨论了宇宙的极限问题：

问：天地有极限吗？

答：日月出入的地方是天地的极限。日月之外的情况我不知道。

问：日月附着在天上吗？

答：天在外，日月在内。内以日月为极限，所以躔度（日月星辰在天空运行的度数）不改变，四时形成。外面则以太虚为极限，在这个极限处看不见日月之光，测不到躔度，观察不到四时的形成；因此没有日月，没有躔度，都归于虚无，虚无就是没有边际，没有极限。

值得注意的是，在这里黄宪提出了“太虚”一词，指在日月星辰一切天体之外的没有极限的空间。

宋代的李石在《续博物志》中说：天是太虚，太虚本来没有固定的形体外观，因此看不见。在这里，他把众星的运转指代为天。

宣夜说的一个理论基础是元气说。元气说在先秦道家学说中已经基本产生，到了宋代比较盛行。宋代著名的思想家张载把太虚和元气说结合起来，他说：太虚没有一定形状，它是气的本来状态，气凝聚成万物，才具有形状，弥散开来，又成为没有形状的太虚。

宣夜说有其先进性的一面，也存在着不足。宣夜说认识到日月和五大行星的运行情况不同，但是没有看到它们都有自己的运行轨道和周期，并不是在气中漫无规律地飘浮，因而不能认识天体运行的规律，不能解释天体运行中有规律的或固定不变的现象。如为什么恒星每天晚上从东向西整齐地运行一周，为什么二十八宿的排列位置长期不变，以及北斗星和北极星的位置关系为什么那么稳定，等等。正因为宣夜说不能正确认识天体运行的规律，从而不能制定准确的历法，因此在中国古代天文学中它一直不被重视，处于边缘的状态。

宣夜说虽然不被天文学界重视，但其以元气理论为基础对宇宙无限性的解释被宋代理学家等思想家吸收，因而对中国古代思想史的发展具有一定的影响。随着人们对宣夜说的深入了解，它也得到了科技史专家的肯定。如英国著名科学技术史专家李约瑟博士在《中国科学技术史》中对宣夜说给予了很高的评价，他说：“中国这种在无限的空中飘浮着稀疏的天体的看法，要比欧洲的水晶球概念先进得多。虽然汉学家们倾向于认为宣夜说不曾起作用，然而它对中国天文学思想所起的作用实在比表面看起来要大一些。”

伦理之天

一 先秦诸子的伦理之天

在西周时期，“天”主要有两种含义：作为最高主宰的天和作为自然的天。到了春秋时期，对“天”的理解进一步发展丰富，除了上述两个含义外，还具有无可奈何的命运的意思。根据《论语》中关于孔子言论的记载，作为儒家创始人的他对“天”的理解论述已经具有上述三种含义，只是不像我们今天分得那么清楚，而是往往在某个语境下具有多重含义，而且采取较为折中的态度，并不对这三种“天”表示绝对的肯定或者否定，或者评判它们在认识上的高低。真正作为道德伦理根据和标准的“天”在孔子的言论里还没有出现。前文曾经提到，《大戴礼记·曾子·天圆》记载曾子引用孔子的一句话，“天道曰圆，地道曰方”，如果我们把这句话理解为天圆地方是人间世事的法则，那么这已经多少透露出伦理之天的意味。但这毕竟是零散的，不系统的。

明确的伦理之天的观念首先出现在《礼记》之中。《礼记·中庸》开篇即说："天命之谓性，率性之谓道，修道之谓教。"这几句被后来宋明理学家和现代学者经常引用的话，大致是说天命在人身上的体现称为人性，遵循天命赋予的人性就叫作遵循天道，遵循天道、进行道德修养提升就是实现了教化。因此所谓"天命之谓性"是指人性本于天道，这样就把人性伦理道德的根源归结于天，为人世伦理准则提供了终极依据。这里的"天"已经具有明确的伦理之天的含义。

儒家学派认为，礼制对于调解人伦秩序、规范尊卑等级、约束行为、提升道德都具有非常重要的作用。关于礼的起源，《礼记·礼运》认为，礼最远的根源是天地未分时的元气，但最终效法的还是天，即所谓礼"官于天"。礼是人间伦理秩序的规范，而礼的制定，要以上天的法则为依据，因此可以说，"天"是人世间伦理道德的最终依据。

虽然天是人世伦理道德的根据，人性本于天道，但对于普通人来说，并不是说他自身已经具备了天道，不再需要后天的自我约束、自我修养。对此《中庸》有进一步的阐释。《中庸》最核心的概念是"诚"，该篇认为"诚"是天之道，追求、努力达到"诚"的境界是人之道。在人之中只有圣人能够不受俗世恶念的干扰诱惑，自觉体悟发扬天道赋予的"诚"，能够不经过努力、思考，本身就具有诚。对于凡夫俗子来说，虽然也具有"诚"的禀赋，但是很容易被尘世间不好的东西污染，因此只有择善而从并持之以恒，才能达到"诚"的境界。那么什么是诚呢？《中庸》没有明确的解释，但篇中关于"天地之道"的一段话，可供我们参考："天地之道，可一言而尽也，其为物不贰，则其生物不测。"天地之道不能尽述，但最根本的就是"不贰"，也就是前后一贯、始终一致，在化育万物时具有必然的规律性。这也正是作为天道的"诚"的含义，可以说"不贰"就是"诚"。至于"诚"作为一种道德境界体现在圣人身上，则表现为行动完全合乎原则。

《中庸》认为，只有圣人才能够不假修为就达到前后一贯、真实无妄的"诚"的境界，这样也就是做到了尽天之性，也就是充分展现上天所赋予的禀性。但这样做还不够，还不是圣人的最高境界。圣人的最高境界是什么呢？那就是"赞天地之化育"直至"与天地参"。要达到这样的境界，就要在体悟展现至诚天道的基础上，充分理解自己的本性；然后由己及人，充分理解别人的本性；再由人及物，充分理解物的本性，这样就可以"赞天地之化育"，也就是帮助天地产生、养育万物，最后达到"与天地参"，也就是与天地并立为三才的境界。

由上面引述的《中庸》的观点可以看出，"诚"这一道德伦理范畴，在这里成为天的规律和法则，并且决定了圣人也具有诚，不需要后天的努力，也就是说"天命之谓性"。圣人通过理解上天赋予的这种本性，就可以理解万物之性，从而赞助天地产生万物的过程。

孟子关于伦理之天的论述，既继承了《中庸》的有关思想，又有所变化和发展。孟子和《中庸》关于伦理之天的论述，开启了儒家关于道德本体的追求和思索之路，对后世儒家有着至为重要的影响。孟子被后世尊奉为仅次于孔子的第二圣人——"亚圣”，与他在这方面的建树不无关系。

孟子继承了孔子关于“仁”的主张，并将这种人道原则上升到政治层面，形成了伦理原则与仁政原则相结合的仁政学说。仁是从何而来呢？孟子认为仁义忠信源于天。仁义忠信都是上天赐予的美德，而其中最尊贵的是仁，因此人要时常守护着它，一刻不能离开。但是这并不是说仁义忠信或仁义礼智在人心中已经完善，不再需要后天的努力。孟子认为，人具有恻隐之心、羞恶之心、辞让之心和是非之心，这四心就是仁义礼智的萌芽状态，称为“四端”，必须经过后天的努力扩充，才能达到真正的仁义礼智。从“四端”的意义上讲，“人皆可以为尧舜”。这样，孟子就为自己的性善说找到了最终的依据——天道。

《孟子·尽心上》中提出了“尽心”“知性”“知天”的道德修养步骤，或者说是道德修养境界。孟子认为，既然恻隐之心、羞恶之心、辞让之心和是非之心这“四端”是上天赐予的，那么扩充此“四端”，达到仁义礼智的道德境界，就可以知道人的本性。知道人的本性，就可以知道天的道理和规律。因此，保持“四端”并加以扩充发扬，就是对天的最好的报答。这种认识，与《中庸》“赞天地之化育”的说法是一脉相承的。

孟子同样强调“诚”。《孟子·尽心上》说：“万物皆备于我矣，反身而诚，乐莫大焉。”所谓“万物皆备于我”，是指良心本心我都具备，道德的根据就在我心中，因此不需要向外寻求，只要反躬自问、诚信不贰，就能体会到最大的快乐。孟子之所以有“万物皆备于我”的自信，是因为孟子认为人性善的根本已经由天赋予了人。

在《易传》中也有天道与人道关系的论述。《易传》认为圣人作《易》，是效法天地之道。《系辞》说：上天降下神物，圣人模拟它；天地变化，圣人取法它。又说：《易》模拟天地变化，所以能够包含天地之道。制作《易》的人仰观天文，俯察地理，效法天地的运行变化，因此能够知晓幽隐无形和明显有形的事理。由此可知，《易》道与天地之道是一致的。

《易传》认为《易》不仅囊括天地之道，而且包含人道。《系辞》说：《周易》这本书，道理广大周备，含有天的道理、地的道理、人的道理。三画八卦的卦象符号包含天、地、人的象征而两卦重叠，于是出现了六画卦；六画，没有别的意思，正是象征天、地、人的道理。这是从天、地、人三才的角度讲《易》怎样从三个卦画的八卦演变为六个卦画的六十四卦，虽然卦画增加了，但是其象征天、地、人三才的含义没有变。《说卦》对此又有进一步的发挥：从前圣人制作《易》的时候，是要用它来顺应符合万物的性质和自然命运的变化规律，所以确立天的道理有阴和阳两个方面，确立地的道理有柔和刚两个方面，确立人的道理有仁和义两个方面。作《易》者包容天、地、人三才而使三画卦两两相重，所以《易》必须是六个卦画才形成一个卦。

天道有阴阳，地道有柔刚，人道有仁义，这三者并不是并列的，而是有轻重主次：天道为本，所谓刚柔、仁义，都是从阴阳之道引申派生出来的。《系辞》说：“一阴一阳之谓道。”根据前引《说卦》，阴与阳就是天道的根本，以及《易》阴阳转化的根本原理，这句话我们可以理解为：阴阳的对立转化就是天道。该篇接着说，发扬光大天道、开创万物就是“善”，养成万物的就是“性”。仁者发现天道中有仁，就称天道为仁；智者在其中发现智，就称天道为智；老百姓在日常生活中应用天道却毫无觉察，所以君子所谓“道”的含义很少有人全面了解。天道在仁中显现，又隐藏在日用之中，鼓动化育万物而与圣人仍然心存忧患有所不同。圣人努力效法天道，他的盛大美德和宏大功业非常伟大。根据这一说法，天道的阴阳变化产生万物和人性，虽然对于天道在人身上的体现，仁者见仁，智者见智，但在仁、智等道德伦理中也含有天道则是确定无疑的。圣人效法天道，他的功业就能够像天地一样广大。因此在天道和人道的关系中，是人道效法天道。正如《系辞》中所说：“天尊地卑，乾坤定矣。卑高以陈，贵贱位矣。”人世间的尊卑贵贱等级的确立，其最终的根据是天尊地卑。

二 两汉时期的天道与人道

先秦儒家中虽然有子思、孟子一派对于道德伦理之天的探究，但对于整个儒家学派来说，重视的是人间伦理秩序的建立，而对于其终极依据的探讨仍然是很不够的。到了汉代，儒学经过了秦代“焚书坑儒”的劫难，在恢复过程中，一些儒者注意吸收其他学派的有关思想，为儒家的伦理道德学说建立终极的依据。汉初陆贾的《新语》可以作为这种思想倾向的例子。

《新语》第一篇《道基》开篇就说：“传曰：‘天生万物，以地养之，圣人成之。’功德参合，而道术生焉。”这与《中庸》圣人“赞天地之化育”“与天地参”的说法大致相同。这里的“道术”是指人间的行为法则，即后来《新语》所说的“人道”。这实际上是说，圣人遵从天地法则，参与生养万物的过程，从中形成人世间的伦理道德法则。

关于天地自然的法则，即天道，《道基》篇云：“张日月，列星辰，序四时，调阴阳，布气治性，次置五行，春生夏长，秋收冬藏，阳生雷电，阴成霜雪，养育群生，一茂一亡，润之以风雨，曝之以日光，温之以节气，降之以殒霜，位之以众星，制之以斗衡，苞之以六合，罗之以纪纲，改之以灾变，告之以祯祥，动之以生杀，悟之以文章。”这里明显吸收了阴阳五行学说，意思是说日月星辰的运行、春夏秋冬四季的交替、万物的生长枯萎、北斗七星与众星位置关系都是有一定规律和秩序的。天道在人世的运用就是奖善惩恶，通过灾异警示人世的不良行为，通过吉祥征兆奖励人间的善行。

而人道的形成，是圣人效法天道的结果。《道基》篇说：“于是先圣乃仰观天文，俯察地理，图画乾坤，以定人道，民始开悟，知有父子之亲，君臣之义，夫妇之别，长幼之序。于是百官立，王道乃生。”从中我们可以明显看到《易传·系辞》的痕迹：圣人仰观天文，俯察地理，制作《易》来确定人道，指导人伦。从根本上讲，人世间的父子关系、君臣大义、夫妇之别、长幼尊卑秩序，其最终的依据是天道，因此它是天经地义、毋庸置疑的。只有在基本人伦秩序确立的基础上，才能建立百官制度，确立尊卑等级，实现王道政治。《本行》篇说：“诗、书、礼、乐，为得其所，乃天道之所立，大义之所行也。”这是认为，像诗书礼乐这些调节人的性情、提高人的修养、规范人的行为的教化，它们的大义所在、最终依据也是天道。

《术事》篇曰：“天道调四时，人道治五常。”这是说，天道在于调节日月星辰、四时的运行，而人道在于调节君臣、父子、夫妇等等级人伦秩序，天道和人道都重在秩序的调节维护，而且从上面的分析来看，人道源自天道。因此，天道和人道有许多共同之处。《辅政》篇说：“天道以大制小，以重颠轻。”但接下去讲的却是人世的例证，实际上是为人世的具体做法寻找天道的根据。《怀虑》篇认为天道和人道都源于一，天道从一开始，最终成就大数，人道从一开始，最终成就人伦。正因为如此，人世间的伦理道德法则必须效法天道，否则就不能够实行。所以《怀虑》篇说：事情不依据法度，人道不效法天地且以之为根本，那么就只能说而不能切实执行，只能听说而不能传布，只能自己把玩而不能用于重大事情。陆贾认为，没有天道作为依据、指导的人事，是没有根基的，是不能成就大事的。

在汉代，建立系统化、理论化伦理思想体系的是董仲舒。董仲舒曾建议汉武帝“罢黜百家，独尊儒术”，使儒学在之后的近两千年封建社会中占据官方学术地位。

董仲舒对后世的影响远不止此。他进一步吸收了汉代流行的阴阳五行思想，建立了一个以阴阳五行为基础的宇宙图式。他对儒家的伦理思想进行了总结概括，并将道德伦理属性赋予天，从而形成了以三纲五常为核心、以天人感应和阴阳五行学说为基础的伦理思想体系。

在天人关系上，董仲舒认为天是万物之祖，也是人的曾祖。人的形体、血气、德行、喜怒好恶，都源自天，与天相类似，因此，人是天的副本，人的性情取决于天。董仲舒在《人副天数》篇对天人的相似之处做了比附：天一年三百六十六天，人有三百六十六个小骨节；天有十二月，人有十二个大骨节；天有四时，人有四肢；天有五行，人有五脏；等等。

正是因为人本于天，人是天的副本，所以人的伦理道德也源于天。董仲舒赋予天以最高的普遍的道德原则。他在《王道通三》中说：仁的最高表现存在于天，天就是仁。因为天覆盖养育万物，既产生万物，又养育万物使之长成，这样周而复始，做出的功绩永不停止，最后把万物之美全都送给了人类。因此，我们考察上天对万物、人类的恩赐，真是没有穷尽的仁道。董仲舒认为，既然人受命于天，就应该取法天道的仁，实行人道的仁，也就是父子兄弟亲密无间，有忠信、慈爱之心，有礼义廉让之行，有是非逆顺的道德评判。只有人道可以做到广大厚博，赞助天地产生养育万物的过程，即“参天”。在《俞序》篇他又明确提出：“仁，天心。”仁是天道的核心。他在《玉杯》中又强调，人之所以有喜欢善、讨厌恶的本性，同样是因为“人受命于天”。

《竹林》篇讨论了为什么“逄丑父杀其身以代其君”，反而被认为是不知权变。逄丑父，《左传》作逢丑父，在齐晋鞌之战中为齐顷公驾驶战车，齐军败绩后，逄丑父紧急之中与齐顷公交换位置，自己坐在国君的位置上，假装派齐顷公下车取水，使之趁机逃脱，晋军果然被骗，误认为他是齐顷公，将其俘获。董仲舒认为，天道赋予人身上的人性道义，是让他们遵行仁义之道，以可耻之事为羞，而不是像鸟兽那样苟且偷生、苟且求利。所以《春秋》推崇天道而顺应人理，认为处至尊之位不能蒙受至极的羞辱。而齐顷公欺骗自己的军队，发动对晋国的战争，最后落得个战败险些被俘的下场，这是以至尊的国君之位蒙受奇耻大辱。按照春秋大义，当时他已经不算是国君了。既然不是国君，逢丑父就不是舍身救主，因此就算不得是知道权变，相反，他救助齐顷公，对齐国宗庙先祖来说是奇耻大辱。董仲舒的这番议论分析，其最根本的依据是人之所以要行仁义之道，以可耻之事为羞，是天道的赋予，也就是说，是天经地义的。

董仲舒认为，不仅人的道德禀赋来自天，而且作为人的行为规范的礼，它的最终依据也是天。《奉本》篇说：礼是继承天地之道，体现阴阳尊卑，谨慎处理主客关系，维持尊卑、贵贱、大小的秩序，区分外内、远近、新旧的等级。他认为关于人的尊卑贵贱等级规定的礼，它的制定依据是天地的秩序、阴阳的尊卑。董仲舒在《立元神》篇进一步认为，确定尊卑制度，规定贵贱差别，设立官爵俸禄……所有这些圣人治国采取的措施都是“因天地之性情”，也就是遵循天地之道。董仲舒对于为什么天地之道是人世伦理制度的依据也有进一步的发挥和解释。他在《观德》篇说：天地是万物的本原，万物因天地而生，同时天地也是人类先祖所依赖产生的根据。天地广大无边，天地之德如日中天，历时无限，普照众物，没有尽头。天是明亮的，所以辨别众类，地是晦暗的，星辰为之照明，不敢使之暗淡。人世的君臣、父子、夫妇之道正是取法于此。君臣、父子、夫妇之道就是后来为封建统治者反复强调的“三纲”。对于董仲舒关于天地之道和“三纲”关系的论述，后人解释说，在君臣、父子、夫妇关系中，臣道、子道、妇道属于地道，为君、父、夫所指使，他们虽然处于卑贱的地位，但仍需努力表现，让君、父、夫能够明察，就像星辰照耀天地一样。

董仲舒强调人与天在结构和特性上的对应和相似，其最终目的是说明天道和人道的关系，为人道寻找最终的依据。他认为天道即阴阳之道，阴阳二气互动互促而化生和演变，阴阳二气通过五行产生万事万物。在自然界中，阴与阳的关系是阳贵而阴贱，与此相应，人间的君臣、父子、夫妇间的关系也是阳贵而阴贱，也就是君臣之间君为贵，父子之间父为贵，夫妇之中夫为贵。因此，人世间的尊卑秩序来自天道："王道之三纲，可求于天。"（《基义》）

在董仲舒看来，四时五行也是与人道相通的，是人伦的依据。他认为，四时之行与父子间生养之道相似：春天万物生发，夏天万物生长，季夏万物滋养，秋天收获万物，冬天收藏万物。到了收藏阶段，冬天完成了事情的全部。父子间的生养关系也是如此。父亲所产生的，儿子要使它成长；父亲所生长的，儿子要养育它；父亲所养育的，儿子要使它长成。凡是父亲所做的事，儿子都要继承下来，继续执行，不敢不按照父亲的意志，尽为人子的孝道。四时更迭，其产生、生长、收获、收藏的过程相续，父子的生养关系也是如此，儿子总要继续父亲所要做的事情，完成他的心愿。董仲舒还将仁义礼智信"五常"与五行进行类比，他认为"五常"不仅在数量上与五行一致，而且在属性上也与五行类似：东方五行属木，是农业之本，对应的官职是司农，崇尚仁；南方五行属火，对应的官职是司马，崇尚智；中央五行属土，是官员的统领，对应的官职是司营，崇尚信；西方五行属金，对应的官职是司徒，崇尚义；北方五行属水，主要功能是执法，对应的官职是司寇，崇尚礼。（见《五行相生》篇）董仲舒在《五行对》篇中还根据五行学说论证了孝是“天之经也”，他说：在五行相生的顺序中，土是火的儿子，五行之中火最尊贵。五行之中的金、木、水、火与四时分别对应，只有土没有对应的季节，不与火争夺功名。在人伦关系中，忠臣的节义，孝子的品行，都是效法土源自火、不与火争功的做法。

董仲舒关于伦理之天的论述，既继承了先秦儒家的伦理思想，又吸收了阴阳五行思想，为儒家的伦理道德建立了形而上的根据，成为汉代最为系统的关于天道与人道的思想。他关于天道的思想成为汉代的官方哲学，并对后来的封建王朝有着深远的影响。他的天人感应学说是非常系统和有特色的，并且流传广影响大，我们将在有关章节中进行讨论，这里不再赘述。

三　唐代道统说

汉代以后，直到唐代前期，由于魏晋玄学的兴起和佛学的流行，当时人们关注的焦点不再是“性与天道”这样的儒学传统的哲学问题，而是“本”与“末”、“体”与“用”、“有”与“无”的关系，以及“般若”“涅槃”等佛学问题。在唐代前期，佛学兴盛，道教由于统治者的提倡也取得了很高的地位，儒学的地位相对受到排挤和压抑。到了唐代中期，韩愈、柳宗元、刘禹锡等思想家开始重新探讨天道和人性问题，虽然他们的观点并不一致，但却有着相似的目的，那就是试图恢复儒学关于天人关系的探讨，以此打破长期以来佛学占据思想统治地位的局面。

在中唐思想家们的天论中，柳宗元和刘禹锡所讨论的天主要是指自然之天，因此所讨论的天人关系主要是指自然与人的关系。柳宗元认为世界的本原是气，刘禹锡则提出了“天人交相胜”说，他所指的“天”包括与社会的“人”对立的各种自然属性。柳宗元虽然写过《天爵论》，但他说的“天爵”与孟子的完全不同，他强调道德、“五常”不是天赋，而是人后天努力的结果。

真正涉及伦理道德之天的是韩愈和他的学生李翱。为维护儒家的正统地位，与佛道相抗衡，韩愈在《原道》中提出了道统说。韩愈所谓“道”指的是什么呢？他在《原道》中说：博爱称为仁，行为适合规范称为义；由此进一步的发展就是道，内心道德具备，无须向外求取，就是德。由此可知，韩愈的“道”是指以仁义道德为内容的个人修养和由此扩展的人伦秩序规则。关于道统，也就是“道”的传承世系，韩愈是这样说明的：尧将“道”传给舜，舜将“道”传给禹，禹传给汤，汤又将“道”传给周文王、周武王和周公，文王、武王和周公传给孔子，孔子传给孟子。孟子死后，“道”没有了传承之人。韩愈在这里有一个隐含的意思，就是以孟子之后道统的继承者自命，赋予自己传承发扬儒家道统的神圣使命。

对孟子的提升和重视，是韩愈的发明。在关于人性论的思想中，韩愈也受孟子很大的影响。韩愈在《原性》开篇中即说，“性也者，与生而俱生也”，认为人性是天赋的。他又说，“其所以为性者五，曰仁，曰礼，曰信，曰义，曰智”，认为天赋人性的本质是善，具体表现为仁义礼智信。《原性》的这种观点是对孟子人性思想的继承和发展。

此外，韩愈在《原人》中说："形于上者谓之天，形于下者谓之地，命于其两间者谓之人。"根据有的学者的解释，这三句的主语应为"道"，意思是道体现在上为天，体现在下为地，体现在天地之间为人。而前两句本于《周易·系辞上》："在天成象，在地成形。"天道、地道、人道并立，语本《周易·系辞下》："有天道焉，有人道焉，有地道焉。"又与《中庸》的有关说法意义相通，意思即天道、地道、人道是一致的。[①]据此，韩愈继承了《易传》《中庸》关于天道、人道相通一致的理论，为人道寻找了本体的依据。

正是因为天道、地道、人道是一致的，所以人道和天道、地道一样不容侵犯扰乱。同样，在《原人》篇，韩愈指出：天道乱，则日月星辰不能正常运行；地道乱，则草木山川不能保持正常的状态；人道乱，则夷狄禽兽不能安于其固有的本性。天是日月星辰的主宰，地是草木山川的主宰，人是夷狄禽兽的主宰。如果侵犯主宰，就不成其为作为主宰之道。因此圣人对天道、地道、人道一视同仁，既亲近人道又不忘天道、地道。

李翱是韩愈的学生，他对于道统之传承也有很高的抱负和使命感。他同样认为孟子之后道统废缺，以传承道统为己任。在《复性书》中他说："我以吾之所知而传焉，遂书于书，以开诚明之源，而缺绝废弃不扬之道，几可以传于时，命曰《复性书》，

---

① 邓小军：《理学本体——人性论的建立：韩愈人性思想研究》，《孔子研究》，1993年第2期。

以理其心，以传乎其人。”意思是说他以自己的感悟写成《复性书》，目的是使废弃不传的道能够重新流传于世，整理人心。

在韩愈的道统中，孟子的地位得到提升，李翱在此基础上，在孔子和孟子之间加上了子思。虽然韩愈也受到子思一派的《中庸》的影响，但对他影响更大的还是孟子。而真正将子思提高到和孟子同等重要的地位，将二者的学说结合并加以阐发的是李翱。

李翱的思想主要集中在《复性书》和他与韩愈合著的《论语笔解》中。《中庸》云：“天命之谓性，率性之谓道，修道之谓教。”李翱解释说：人生下来是好静的，这是天性。性是天命。“率性之谓道”是什么意思呢？答曰：率，遵循的意思。也就是说，按照本原的规定返回上天赋予的人性，就是道。道是至诚的。至诚是天之道。诚，就是定，不动。“修道之谓教”是什么意思呢？答曰：所谓教，就是人之道，对天之道的诚，就是择善而行，并且坚持到底。遵循天之道而反归其本原，就是明。……道是不能须臾离开的，如果能离开，就不是道。（《复性书》）在这里，李翱将“道”分为天道和人道。他认为人的本性是静，是至诚，这是天赋的。因为天道是至诚，是定，是寂然不动，因此二者的根本是一致的。人经过后天的教化，只要择善而从，并坚持到底就可以回归其本性的诚，达到人道与天道的完美合一。

李翱关于人性源于天、人性与天道为一的思想还反映在《论语笔解》中。《论语·公冶长》有这样一句话：“子贡曰：‘夫子之文章，可得而闻也；夫子之言性与天道，不可得而闻也。’”李翱解释说：天命之谓性，因为人性是天赋的，所以天人是相通一致的。天也有性，天道的仁义礼智表现为春夏秋冬。人遵循其天性，就是遵循“五常”——仁义礼智信的规范，这与天道之性是一致的。在这里我们还可以看到董仲舒以阴阳五行比附“五常”的痕迹。

从上述韩愈、李翱关于天道与人性、人道关系的论述，我们可以看出，在他们的思想中，更多的是对先儒主要是孟子和《中庸》《易传》中的有关说法的重新提出和强调，而不是创新和发展。尽管如此，韩愈、李翱对伦理之天的重新强调，对子思、孟子一系的提升和重视，都对后来的宋明理学的心性之学具有开启的作用。

四　宋明理学的天理

中唐韩愈、李翱等人对儒家“性与天道”的重新强调，开启了宋明理学的先河。但是，他们对于道德至善和伦理原则的最终根源的讨论，仍然是沿袭了子思、孟子、《易传》的有关说法，少有创新，不能圆满应答佛道两家关于伦理道德终极依据的责难。真正建立系统的宇宙本体论，并将仁义道德提升到宇宙本体论高度，从而回应佛道两家的挑战，捍卫儒学的正统地位的，是宋明理学。

宋明理学虽然有不同的观点、派别，但正如梁启超先生在《中国近三百年学术史》中所说：“道学（理学）派别，虽然不少，但有一共同之点，是想把儒家言建设在形而上学，即玄学的基础之上。”努力建立系统的宇宙本体理论，为儒家思想特别是纲常礼教等伦理道德思想寻找形而上的本体根据，是宋明理学各家的共同之处。宋明理学通过对伦理道德的提升，实现了道德理性与自然规律的合一。下面我们对几位代表性理学家关于天道与人性的思想做个大致的介绍。

周敦颐是理学家中第一个建立宇宙体系的人，他的宇宙本体论思想对后来的理学家如张载、程颐、朱熹等人都有着重要的影响。朱熹曾称颂周敦颐为“得孔孟不传之正统”，并在《伊洛渊源录》中将周敦颐列为首位。周敦颐之所以受到推崇，正是因为他建立了系统的宇宙本体论，并将儒家的仁学心性提升到宇宙本体高度的首创之功。

周敦颐将北宋道士陈抟的《无极图》改造成为《太极图》，并作《太极图说》。周敦颐在《太极图说》中认为，宇宙万物的生成过程是：太极经过动静产生阴阳，阴阳的变化结合产生金木水火土五行，五行产生人类和万物。人禀赋阴阳五行最灵秀之气，形成形体和精神，产生善恶之分。圣人以中正仁义为道的原则，通过主静的修养方法来确立人极。太极是宇宙万物的本体，而人极则是人的道德修养的最根本的依据。

周敦颐也非常重视“诚”。他说：“诚者，圣人之本。”（《通书·诚上》）又说：“诚，五常之本，百行之源也。”（《通书·诚下》）在这里，周敦颐已经将“诚”上升到道德本原的高度，也就是“人极”。关于“诚”的来源和建立，周敦颐说：“大哉乾元，万物资始，诚之源也。乾道变化，各正性命，诚斯立焉。”其中“大哉乾元，万物资始”是引用《周易》乾卦彖传，意思是上天有伟大的元始之德，万物依靠它开始产生。“乾道变化，各正性命”也是出自《周易》乾卦彖传，意思是说，大自然运行变化，万物各自静定精神。周敦颐在这里借用了《周易》乾卦彖传的说法。所谓“乾元”是指天的初始状态，它是万物产生的根本，也是“诚”的本原。天道的变化，赋予万物各自的本性，“诚”也因此而树立起来。因为“诚”是“圣人之本”“五常之本”，而“诚”本身又是由天产生的，因此，“五常”等人伦道德与万物一样，它们的最终依据是天。

张载是北宋五位理学大师——“北宋五子”之一，他在《正蒙·太和》中指出：太虚是宇宙的初始状态，就是天。张载认为，太虚不是空无一物，而是充满了气，气的聚合产生万物，万物最后又散而为气，归于太虚。要认识性与天道，就要了解《易》，因为《易》包含着天道变化，也就是造化，而认识造化是穷尽性命之理的前提。张载认为，性就是天道，是阴阳二气的对立聚合。他说：天性，就是乾坤、阴阳。它们分为对立的两个方面，因此能够彼此感应，又由于它们的本原是一个，所以它们有分有合。天地产生万物，万物所承受的天地之气虽然不同，但它们没有一刻不承受着天地阴阳的感应，因此所谓性就是天道。（《正蒙·乾称》）

人作为万物之一，也是由太虚中的阴阳二气聚合而成，人的本性就是太虚的本性。张载在《正蒙·诚明》中说：天性体现在人身上，就像水凝结成冰，冰融化为水，状态虽然不同，本质上都是天性或天道。就像光照在不同物体上，物体受光有大小、明暗的不同，但它们接受太阳的照射是相同的。虽然万物不同，但它们都禀受着太虚之气，都具有天性。正是由于人性根源于太虚，因此“性者万物之一源，非有我之得私也”，也就是说天性是所有万物的本原，并不是人类自己才独自享有的。

程颢、程颐兄弟二人称为“二程”，也是“北宋五子”中的重要人物，他们是道学（即理学）的创始人，他们的思想对两宋理学的发展起着关键性的作用，代表着两宋理学思想的主流。二程认为孟子之后，儒家的精神传承——“道”失传了1400年，是他们又重新发现了“道”。“道”就是“理”或“天理”，二程对理学的重要贡献就在于将“理”这一概念发展为宇宙的普遍规律。

程颢说：“有道有理，天人一也，更不分别。”（《河南程氏遗书》）这是说天理对于自然和人类社会是一样的，是普遍适用的。因此他说：“所以万物一体者，皆有此理。”（《遗书》）万物都包含着天理这一普遍规律，因此他们在本原上是一体的。

二程认为，天不是有人格的上帝，而是“理”，是“天道”，是宇宙的普遍法则。程颢说：“天者，理也。”（《遗书》）程颐在回答关于“天道如何”的问题时说：“（天道）只是理，理便是天道也。且如说皇天震怒，终不是有人在上震怒，只是理如此。”（《遗书》）

“天理”或“道”既是自然的普遍法则，也是人类社会的基本准则，因此，君臣父子等人伦大义，仁义礼智等道德伦理都体现了天理或道。二程认为，做国君的遵守君道，做臣子的恪守臣道，除了这些没有别的理。这表明，二程认为“理”不是别的，就是君君臣臣、父父子子这些人伦秩序的规定。二程又说：父子君臣，天下之确定不移的理，在天地之间是无法回避的。君臣父子之义是天经地义、无法改变的，只要生存于天地间，就要遵循这个理。所谓“理”也就是“道”，因此二程说：为夫妇之礼，为长幼之序，为朋友之道，所有这些日常人伦，没有不包含着道的。（上引均出自《遗书》）

南宋时期的理学家朱熹继承了二程的主要思想，并吸收借鉴了北宋其他理学家的思想，成为理学的集大成者。朱熹坚持二程主张的“性即理”说，认为性是天理在人、物身上的体现，天地间存在着形而上的理和形而下的气，在形成万物的过程中，理被赋予其中成为性，气聚集其中形成形体。他说：“宇宙之间，一理而已。天得之而为天，地得之而为地，而凡生于天地之间者，又各得之以为性。”（《朱文公文集·读大纪》）对于理和性的关系，朱熹解释说：在没有形体、气之前，天理浑然一体，没有降下附着的东西，所以只称为理；在形体、气产生后，理降下附着在人身上，表现在具体形体、气中，才称为性。（《朱子语类》卷九十五）

朱熹认为，理在人身上的体现就是纲常礼教的人伦规范。他说：万物都遵循这个理，理的本原是一个。只是每个人的位置等级不同，因此理也就不同。如为国君的应该实行仁政，做大臣的应该持敬；当人子的应该孝顺，做父亲的应该慈爱。（《朱子语类》卷十八）朱熹认为，性就是理，上天用阴阳五行化生万物，当由气产生具体形体时，理也就赋予其中了，就像命令一样。当人和万物产生时，也就各自获得被赋予的理，称为五常之德，这就是所谓性。（《中庸章句》）朱熹的这些推演，实际上是说，对人的纲常礼教的规定，就是人性，而它的本原是理。朱熹之所以强调“性即理”，是因为人性只有与理相通、相一致，才能为自己建立一个先天的权威性的依据；另一方面，理只有下降表现为具体的人性，才能发挥其指导、制约人的言行的现实的作用。

宋明理学正是通过天理这一形而上本体的建立，为道德伦理法则提供了最终的不可怀疑的依据，并进一步把道德伦理法则上升为宇宙的普遍原则，从而为儒家的伦理道德规定确立了终极的依据。

天人感应

一　早期的神人感应

神人感应是天人感应的早期形式，它的基本特点是，认为在神的意志和人的行为之间存在着某种联系，人的行为的好坏会引起神的福祸的奖惩。

在万物有灵观念流行的远古时代，先民对祖先神和自然神的供奉祭祀非常恭敬小心，唯恐行事不当，惹得神灵震怒，降祸于身，这可以说是神人感应思想的一种表现。到了商代，这种思想有进一步的强化和发展。每当商王身体不适或遇到不好的事情时，都要占卜，看看是得罪了哪方神灵，然后祭祀，以此祈求消病除灾。这在甲骨卜辞中有相当多的记载。

居住在商王朝西部的周民族打败了商王朝，建立周王朝。西周时期，天已经成为具有人格的至上神，这一时期的神人感应主要表现为作为至上神的天根据统治者行为的善恶做出奖惩。

周人在推翻殷商政权之后，面临的问题之一就是如何解释天道的转移和如何保证天命永固。周人认为夏朝和商朝的灭亡，不在于天命不佑，而是因为这两个王朝的末代君主夏桀和商纣荒淫失德，使天神震怒，丧失了天命。《尚书·周书·召诰》记载召公告诫周成王：周王您应该马上采取敬德的行动，考察夏朝国君，效法其开国君主大禹，大禹因为敬德，所以天道保佑他的子孙享有国家，后来到了夏桀时，抛弃禹之道，丧失王命。周王还应该考察殷代之君，效法其开国之君商汤，商汤因为能敬德，所以天道保佑他的子孙享有国家，最后商纣王丢弃商汤之德，丧失了王命。因此召公劝诫周成王：我们不可以不借鉴夏商两朝兴亡的经验教训。夏商两朝初期的君主受天命以敬德，因此国家经历多年，末年的夏桀、商纣因为不敬其德，所以早早丧失了王命。由此看来，周人认为，王朝的灭亡，天命的转移，不是天命喜怒无常，而在于君主的失德，使天命震怒。天命不是一成不变的，天道奖善惩恶，天命的转移变化实际上取决于君主为政的好坏。因此作为新秉承天命的周王朝，应该借鉴夏商两朝兴盛和衰亡的经验教训，恭敬地尊奉天命，实行仁政，时刻小心谨慎，这样才能使天下传之久远。

周人认为，周民族之所以取得天下，是因为周文王、武王能够敬德保民，因此得到上天的青睐，命令他们讨伐不道的商纣，享有商的国家和人民。《尚书·周书·康诰》是周公平定管叔、蔡叔叛乱，将殷人遗民封给康叔时，代周成王告诫康叔而写的诰文。其中说到，周文王能够明德，慎用刑罚，抚恤穷民，不侮鳏寡，用可用之人，敬应敬之人，对应该处罚的人施行刑罚，以此道施政于周民族区域内各国，并发展到它们的一二附属国，周民族所居住的西方依靠文王的德政之道，其政教波及四方，上天知道后，赞美他的治道，于是命令文王以诛杀之道用兵除害，三分天下而有其二，所属邦国和人民都接受文王的德教。可见周人认为，文王三分殷商天下而有其二，是因为文王的德政得到上天的赞赏和肯定，并领受了灭殷除害的神圣使命。

周人关于夏商两朝失天下和周人得天下的解释，实际上是认为，人君不修德政，就得不到上天的庇佑，导致王朝灭亡；而如果勤修德政，就能得到上天的奖赏，获得王命。因此可以说，对天命和人治的关系，周人已经摆脱了过去单纯依靠、相信天命，在天命面前无所作为的思想。周人强调人君为政对天命的影响，虽然仍相信天命和人道之间存在着某种联系，但实际上否定了天命不可改变的思想，更加强调人事反过来对天命的影响，肯定人类后天努力的积极作用，这在当时是具有一定的积极意义的。

周人吸取、借鉴了夏商两代天命转移的教训，总结了文王、武王取得天下的原因，也就知道了使天命永固的办法。王国维先生在《殷周制度论》中指出，周人“所以祈天永命者，乃在德与民二字”，敬德保民成为西周统治者永保天命、延续王朝统治的重要依据。

周人的神人感应思想除了认为上天根据统治者为政的好坏决定王朝的兴亡外，还认为可以决定统治者寿命的长短，以及是否降生辅佐之臣。这种神人感应与后来的天人感应不同，天人感应不是上天直接对王朝或国君产生影响，而是通过吉祥或灾异等异常的自然现象来褒奖或警告统治者。周人的神人感应思想对于约束君王的行为有一定的作用，这与后来的天人感应是异曲同工的。

二　春秋战国时期的天人感应

相传周武王灭殷之后，寻求探访学识丰富的殷商遗民箕子，并且把他带回去，向他请教“天道”，于是箕子写下了《洪范》篇。“洪范”就是“大法”的意思。在该篇中，箕子陈述了九个方面的治国根本大法，称为“洪范九畴”。在这九类治国根本大法中，第八类专门讨论“众多应验的自然现象”，称为“庶征”。这些众多应验的自然现象，又分为吉兆和凶兆各五类，各类征兆分别对应着不同的善恶政行。如人君为政恭敬，则四时雨水适宜；人君圣明，则四时之风顺畅；人君为政狂傲，则雨水不停；人君为政蒙蔽昏暗，则会经常刮风；等等。也就是上天通过自然的风调雨顺或各种灾异对人君为政好坏进行奖惩。这实际上是天人感应思想的表现。把“庶征”列为九类治国根本大法之一，表明当时统治者的重视。在当时人们征服自然能力低下的情况下，风调雨顺是古老的农业文明的重要保障，正如一个国家的长治久安需要清明的政治一样。在古人的心中，自然与人存在着神秘的联系，因此把两个相当重要的事联系起来，也是十分自然的事。

既然瑞征或灾异对人君有如此重要之参考价值，西周统治者当然十分重视。在西周设有专门掌管记录自然界吉祥或灾异之象以备天子询问的官员，如《周礼·春官》所记的专门负责观察“日月暗淡无光”“白虹弥天”等异常云气，辨明吉凶的“视祲”，以及职掌记录星象的反常变动、预言吉凶的“保章氏”，都属此类。《左传·桓公十七年》说，“天子有日官，诸侯有日御”，来观测记录日食等反常天象。虽是春秋时人的说法，恐怕也有更早的渊源。这些官员根据自然灾异预言吉凶祸福，提前告知天子，劝诫其修德政来补救以前的恶政。

到了春秋战国时期，周王室衰微，往日为周天子所独有或主要为周天子服务的官员随着权力重心的转移，逐渐成为各诸侯的工具。在当时剧烈动荡、战争频仍的年代，各国国君似乎对自然界的反常现象更为警觉，遇到日食、彗星或山崩、怪云等异常现象，便要向身边的有关官员咨询一番。那些负责解释灾异的官员，在为诸侯言天象灾异、解说各种自然灾害时，一方面继承了西周王朝关于灾异的传统说法，另一方面也吸收了当时关于自然的新的看法，有所发挥和创新，反映出一定的时代特色。

从《左传》中的此类记载来看，当时天人感应思想的表现主要是通过异常天象或异常自然现象预言人事的吉凶。对于异常天象，当时普遍采用“分野说”预言吉凶，即把天上的二十八宿与地上的各诸侯国一一对应，根据天象来预测人事的吉凶。这种方法虽然西周时已经被“保章氏”使用过，但真正广为流行，还是在春秋战国时期。《左传》中有许多日官或太史根据日食、彗星等天象来预言何国何人将有灾难降临的记载。在当时有一些著名的星相家，如郑国的裨灶、鲁国的慎梓、晋国的士文伯等，从《左传》的记载来看，他们的预言几乎没有不应验的，因此当时很受诸侯和大臣的尊重。

鲁昭公十年（前532），有客星在婺女宿出现，裨灶对郑国执政者子产说，晋国国君将于当年七月某日死去。其根据是岁星在“颛顼之虚”，与地上姜姓、任姓国家相应，婺女对应的是姜太公之女邑姜，而邑姜是晋始封祖唐叔之母，由此经过一番推理，认定晋国国君将有难。这主要是根据“分野说”预言吉凶，这种预言，不是上天对人事好坏的奖惩，而是认为自然与人之间存在着某种神秘的联系，反常天象的出现，必然会带来人间相应之处的灾难发生。

鲁昭公七年（前535）夏天发生了日食，晋平公问大臣士文伯谁会受此灾祸，士文伯回答说：“鲁国、卫国将受凶恶之灾。”晋平公问他：“《诗经》说‘彼日而食，于何不臧’，是什么意思呢？”士文伯回答说：“这是说为政不善者。国家无善政，不任用善人，则会引起日月之灾，因此为政不可以不谨慎啊。”在这里士文伯一方面根据天象预言鲁、卫将有灾难，一方面又认为为政不善者将受日月之灾，实际上是承认人的行为将反过来对自然天象产生影响。

另据《战国策·魏策四·秦王使人谓安陵君》记载，秦王对安陵怀觊觎之心，安陵君派唐且出使秦国，秦王以天子之怒威胁唐且，唐且则以士之怒相抗衡，他讲了三位侠士行刺王侯之前出现的悲壮奇异的现象。他说：专诸刺杀吴王僚，彗星扫过月亮；聂政行刺韩相傀，白虹穿过太阳；要离谋刺吴王子庆忌，有苍鹰撞到殿上。这三个人都是布衣之士，他们怀着怒气还没有爆发，吉凶的征兆已经从天而降。《战国策》多是战国纵横家游说夸张之辞，很难说上述几件事是否确曾发生，但我们至少可以认为，天人感应的思想在战国时期仍然很流行，而且其中的“人”已经不限于王侯将相，而是扩大到布衣之士。

各诸侯国君除了对异常天象十分关注，对自然界的其他反常现象也十分重视。在这种重视的背后，同样是一种认为天人之间存在某种感应、联系的思想背景。

鲁成公五年（前 586）晋国境内梁山崩塌，晋景公急忙派传车召伯宗询问。晋景公之所以惊慌，是因为他认为山崩不是什么好兆头。

鲁襄公三十年（前 543）有人在宋国大庙大呼“譆譆”，有乌鸦在宋国的亳社叫，声音也像是“譆譆”。那年，宋国发生了火灾。至少在《左传》的作者看来，这是一个十分应验的灾异事例。

又，鲁庄公十一年（前 683）秋天，宋国发生了严重水灾，鲁庄公派人前往慰问。宋闵公说：是我做得不好，老天降下灾难，让您为我担心，实不敢当。宋闵公同样认为人的行为的好坏将引起上天的喜怒，从而导致吉祥或灾难的降临。

上述春秋时人对于异常天象和其他反常自然现象的解释，大致可以分为两类情况：一类认为某种自然现象的出现，必然给某地或某人带来灾害，这种灾害与人的行为的善恶无关，人对此是无能为力的；一类是认为人的错误行为将引发自然灾异。两者都认为在天人之间存在着某种感应、联系，只是第一类是机械、命定的，天完全决定着人的命运，而第二类认为，既然这种灾异是人引起的，则可以通过人的努力修正来避免大祸临头或避免自然灾害的再次发生。

在当时仍延续着传统的对即将到来的灾害的解救办法——“禳祭”，即通过祭祀，将灾害转嫁到不重要的人身上，或者消除。

如鲁哀公六年（前 489），楚国出现很多像赤鸟一样的云，绕着太阳三天不散。楚昭王觉得奇怪，就问周太史，周太史认为这将对楚王不利，如果进行禳祭，可以转移到令尹、司马身上，被楚昭王拒绝了。

这表明人们逐渐认识到这种办法的无益，而且不符合仁政的原则，于是便倾向于认为改变这种灾难命运在于修德敬民。

鲁昭公二十六年（前 516），齐国出现彗星，齐景公让手下禳祭以消灾。晏子认为，这样做没有什么益处，如果齐君没有“秽德”就不必禳祭，如果有“秽德”，禳祭也没有用。

据《吕氏春秋·制乐》，宋国发生荧惑星（即火星）居于心宿的反常天象，宋景公感到害怕，召大臣子韦问个究竟。子韦解释说，荧惑是上天谴责的象征，心宿是宋国的分野，所以灾祸将降在宋君身上，不过可以采取禳祭的办法使灾祸降在宰相身上。宋景公不同意，子韦又建议将灾祸转移到人民头上，也被拒绝。于是子韦向宋景公再拜称贺，说是天虽然高远却能听到人间低处所发生的事，宋君有至德之言，将得到上天的奖赏，荧惑星将迁徙三舍之地，宋君将不再有灾祸，而会被增寿二十一年。宋景公的灾难并不是因为恶行，而是由于天象与人间的对应关系引起的，但他的至德之言终于感动上苍，于是改变了天象，避免了灾祸，而且延长了寿命。在这个故事中，人的命运不再是完全被动的，而是可以通过高尚的行为加以改变的。

春秋战国时期是思想解放的时代，各种思想涌现，百家争鸣，对于天人关系的解释也是多种多样的，即使在同一个人的身上也有着不同的表现。

鲁哀公十四年（前 481）春天，鲁国国君到西部狩猎，大臣叔孙氏的车夫猎获一只麟，孔子听说后，感叹说：“我的仁义之道终结了。”对此，晋朝的杜预解释说，麟是一种仁义之兽，是圣王出现的瑞兆。当时春秋各国征战，没有明主圣王出现，却获得麟兽，孔子由此感叹西周礼乐之道不兴，瑞兆不能应验。

孔子本人曾对别人认为是灾异的自然现象做了人文主义的解释。如《左传·哀公十二年》记载，鲁国历法冬十二月发生蝗灾，鲁国大夫季孙氏向孔子请教，孔子认为根据天上星宿的位置，当时尚未到冬天，由于掌管历法的官员的失误才造成这种灾异的错觉。

而孔子对“获麟”的感叹，表明他心中仍有传统的嘉瑞与圣王相随、灾害与恶政相关的天人感应思想。

三　两汉时期天人感应学说的鼎盛

汉初的思想家陆贾的《新语》中就存在一些天人感应思想，对汉代后来的天人感应学说有一定的影响。陆贾在《新语》首篇《道基》中称，上天“改之以灾变，告之以祯祥”，也就是说上天通过灾变警告为政不仁者，通过吉祥奖励为政以德者。这与先秦的天人感应学说基本上是一致的。

陆贾的天人感应思想在《新语·明诫》中有集中的表述。陆贾说：世道衰微，不是上天决定的，而是被国君者自己的政治行为影响的。恶政产生恶气，恶气产生灾异，因此螟虫、虹蜺等灾变的发生，是为政失德的表现。政治昏庸失道，在天文上就有灾变发生，恶政影响民间，田野就有螟虫产生。贤明聪慧的君主知道根据这种灾变调整自己的行为。

陆贾认为正因为天文草虫的灾变是对恶政的警告，所以必须体察天地万物，注意灾异现象。他说：圣人对事物的观察上至日月星辰，下至鸟兽草虫，没有遗漏。从鸟类怪异的飞行，到天降陨石，都予以观察记载，不差分毫。至于鸟兽草木的违反季节的反常现象，都是寒暑之气缺乏规律调节造成的。鸟兽草木尚且希望符合正常的自然法则，更何况是人呢？（《明诫》）陆贾在这里说的灾异现象，大都是《春秋》中的记载，他认为《春秋》关于这些灾异的记载是为了对人事提供警示。从这一点上说，是陆贾开启了“春秋灾异说”的先河，对汉代的灾异说特别是董仲舒的天人感应思想都有着很大的影响。

陆贾的天人感应思想中还强调圣人的积极努力对自然的影响。在《明诫》篇中他还说：“圣人之理，恩及昆虫，泽及草木，乘天气而生，随寒暑而动者，莫不延颈而望治，倾耳而听化。”这实际上是认为，圣人的大德可以影响草木昆虫，使它们随寒暑季节正常生活，感受圣人的治化。

陆贾的天人感应思想虽然还算不上系统，但却对汉代天人感应思想的发展有着先导的作用。应该说，到董仲舒时期，建立庞大系统的天人感应学说并不是偶然的。

董仲舒将天地之物的非常异常的变化称为“异”，较小的异常称为“灾”。灾是上天对恶政的谴责，异是天威的表现，如果天谴不行，就施以天威。灾异产生的根源是为政之失。为政之失一旦出现，上天就以灾害予以谴告，如果还不知道改变，就以怪异的自然现象来惊吓，如果还不知敬畏天命，就要遭到灾殃之祸。上天的这番苦心，体现了天意的仁慈。

对于天为什么是有意志的，董仲舒煞费苦心地进行了一番论证。首先，董仲舒认为，自然界对人有益的东西是上天有意为人安排的。他说，作为食物的五谷，是上天专门赐给人类的。（《春秋繁露·祭义》）天地产生万物，是为了养育人，所以产生可以吃的东西来滋养人的身体，产生可以制作衣服的东西来保护人的身体，增加人的威严。（《春秋繁露·服制像》）更主要的是，董仲舒通过“天人相副”和“天人同类”的比附来论证天是有意志的。董仲舒通过天有四时人有四肢、天有阴阳人有喜怒等比附，来论证人是天的副本，人和天是相类的。他还说天是人的“曾祖父”，这样，既然天人相类，而且天是人的曾祖父，人是有意志的，那么天也必然是有意志的。董仲舒说：“仁，天心。”上天充满了仁慈之心，因此对于恶政必然会通过灾异予以谴告和警示，来拯救国家的衰亡，救民于水火。

董仲舒还从同类相应的角度论证了天人感应的产生。在《春秋繁露·同类相动》中董仲舒说：自然界万物同类相动，同类相应，在平地上倒上水，水会远离干燥之地，流向湿润的地方；平摊开干柴，点上火，火就会避开湿地，趋向干燥的地方。调试琴瑟，则同声相应。美事会招来好的东西，恶事会招来坏的东西。马鸣就会有马来呼应，牛叫就会有牛来呼应。人事与自然之间也是如此，帝王的兴起，必然有吉祥之物先出现；帝王将要灭亡，必然有妖孽先出现。

董仲舒在他著名的《天人三策》中还分析了恶政是怎样产生灾异的。他说：统治者骄奢淫逸，政治衰微，于是诸侯背叛，残害百姓，争夺土地，不实行德政而完全靠刑罚统治，刑罚使用不当就会产生邪气，邪气在下面积聚，百姓的怨气在上面聚集，上下不和，就会产生阴阳不和的怪异之事，这就是灾异产生的根源。董仲舒的这种说法，与陆贾“恶政产生恶气，恶气产生灾异”的思想是类似的。

董仲舒的天人感应思想对后世有着很大的影响，提到董仲舒，人们很容易联想到天人感应。仅就历代的正史来看，涉及帝王的兴起，必然有吉祥瑞征出现，到了王朝末年，必然有灾异发生，这一类的记载是很多的。董仲舒之后的整个汉代，天人感应思想都很流行，甚至像东汉天文学家张衡这样的精英也笃信天人感应。

天人感应学说从其正面意义来说，在王权至上的封建时代，可以借上天神威，对历代帝王的行为有一定的约束和威慑作用。正史关于灾异的记载比比皆是，每当有此类现象发生，在位的帝王都要反躬自省，大赦天下，或者至少要做出一些悔过自责的姿态，而大臣也可以借天象、灾异来劝谏帝王，借天威来规范人事。

四　唐宋时期的天人感应说

上一节我们提到，天人感应说在整个中国历史中影响最大的是董仲舒的有关理论。董仲舒之后，言天人感应者，多是沿袭董仲舒的说法。到了唐代，韩愈的天人感应思想比较独特，宋代理学家关于天人感应也有自己的思考，因此这里单独作为一节加以介绍。

韩愈关于天人感应的论述主要见于柳宗元的《天说》中，现全文引录如下：

> 韩愈谓柳子曰：若知天之说乎？吾为子言天之说。今夫人有疾痛、倦辱、饥寒甚者，因仰而呼天曰："残民者昌，佑民者殃！"又仰而呼天曰："何为使至此极戾也！"若是者，举不能知天。夫果蓏、饮食既坏，虫生之。人之血气败逆壅底，为痈疡、疣赘、瘘痔，虫生之。木朽而蝎中，草腐而萤飞。是岂不以坏而后出耶？物坏，虫由之生。元气阴阳之坏，人由之生。虫之生而物益坏；食啮之，攻穴之，虫之祸物也滋甚。其有能去之者，有功于物者也；繁而息之者，物之仇也。人之坏元气阴阳也亦滋甚：垦原田、伐山林、凿泉以井饮，窾墓以送死，而又穴为堰溲，筑为墙垣、城郭、台榭、观游，疏为川渎、沟洫、陂池，燧木以燔，革金以镕，陶甄琢磨，悴然使天地万物不得其情；悻悻冲冲，攻残败挠而未尝息。其为祸元气阴阳也，不甚于虫之所为乎？吾意有能残斯人使日薄岁削，祸元气阴阳者滋少，是则有功于天地者也；繁而息之者，天地之仇也。今夫人举不能知天，故为是呼且怨也。吾意天闻其呼且怨，则有功者受赏必大矣，其祸焉者受罚亦大矣。子以吾言为何如？

韩愈的这段论述认为，当时的人在遭受疾痛、饥寒时，往往呼喊上天，怪上天为什么使残害人民者昌盛，使造福庇佑人民者遭殃，实际上是不知天。他认为，上天实际上是降祸给造福人类的人，奖赏祸害人民的人。为什么这样说呢？按韩愈的推理，人类开垦土地、砍伐森林、筑墙垒台等对自然的过分开发利用，破坏了天的元气阴阳，就像虫子对万物的损坏一样。因此，造福人类的人，必然对自然加以征服利用，破坏天的元气阴阳比较严重，因此是天的仇人；残害人民的人，对元气阴阳的祸害很少，因此有功于天。

韩愈的天人感应思想含有气感应论的思想，与陆贾、董仲舒的有关思想相似，即认为天人之间是以气为媒介来感应的。

关于韩愈为什么一反以往上天奖善惩恶的看法，认为上天是奖恶惩善的，一般认为，韩愈实际上是愤世嫉俗，由于亲眼所见和自身的沧桑经历才故意为此反论的。韩愈生活的中唐时期，唐王朝已经逐渐显露出腐朽的迹象，由于统治者的昏庸无能和政治的腐败，忠臣蒙冤、奸臣当道已经不是个别现象。韩愈本人忠心耿耿，为唐王朝殚精竭虑，对于统治者的过失多次进谏，然而不但没有被采纳反而多次遭到贬抑，因此不免有些心灰意冷，借此表达对现实的不满。

此外，韩愈独特的天人感应学说还表达了他对环境保护的重视。随着人们生产能力的提高和对更高生活质量的追求，人们对于环境的索取和破坏也越来越严重。环境问题并非自现代工业革命才开始的，韩愈在这里所揭示的问题，肯定是有感而发的。他从天人感应的角度提出环境问题，在当时实在是难能可贵的。

到了宋代，理学家们对以董仲舒为代表的“汉儒”的天人感应学说多有批评。二程说：“汉儒之学，皆牵合附会，不可信。”（《二程集·外书》）程颐又说：“董仲舒说天人相与之际，亦略见些模样，只被汉儒推得太过，亦何必说某事有某应？”这实际上是反对汉儒强调某种异常现象出现必然有某事发生的牵强附会和僵化的感应论。

那么宋代的理学家是怎样论述天人感应的呢？他们对于天人感应发生的原因又是怎样解释的呢？

理学家张载继承了“天视自我民视，天听自我民听”的思想，以此来解释天人间的感应。他在《经学理窟》中说：《尚书》称上天对人的行为的反应就像影子和回音一样，它所带来的祸福果然灵验吗？大致说来，天道是看不见的，只有从民心来推断。人民喜欢的，上天一定高兴；人民厌恶的，上天一定厌恶。……大致上人心所向的一定是理，天道存在于理之中。这实际上是认为，民心是理或天道的体现。

二程认为，理是世界的本原，天道对善恶的奖惩是理在起作用，而不是一个有人格的天在起作用。二程认为，天地之间，除了人、万物和天的感应关系，没有别的事情。（《二程遗书》）他们认为，世间万物与作为世界本原的理存在着感应的关系。程颐在回答学生关于“上天给善事带来福气，给坏事带来灾祸，是怎么回事？”的提问时说：这是天理的自然表现，行善就会带来福气，作恶就会带来祸患。对于前文提到的韩愈指出的人世间存在的福淫祸善，也就是好人不得好报、坏人得志的现象，二程认为，这种现象“非常理”，天道终究是要奖善惩恶的。二程说：上天对人事的报应，就像人的影子、声音的回音一样，是必然要产生的。善有善报，恶有恶报，是常理；善恶不得其报只是反常现象，不是常理。但是只要我们仔细推究，天道终究是要赏善罚恶的。

朱熹是理学的集大成者，他的天人感应学说，既有张载的天据民心判断奖惩善恶的思想，又有气感应论的解释。他说："天岂曾有耳目以视听，只是自我民之视听，便是天视听之。如'帝命文王'，岂天谆谆然命之，只是文王要恁地（如此，这样），便是理合恁地，便是帝命也。"

朱熹又借气来解释感应的产生。他说："自天地言之，只是一个气。自一身言之，我之气即祖先之气，亦只是一个气，所以才感必应。"正是由于天地间存在的只是气，所以才能有感必应。他又说："精神血气与时运相为流通。到凤不至，凰不出，明王不兴，其征兆自是恁地。"凤不至、凰不出这些征兆的产生，是人的血气与时运感应流通的结果。

总的来说，唐宋时期的天人感应学说是不能与汉代以董仲舒为代表的天人感应学说相抗衡的，这一方面是因为后者在官方和民间的深远的影响，另一方面是由于这一学说已经不是唐宋时期先进的知识阶层讨论的重点问题。这一时期的天人感应学说只是偶尔发出的个人感慨和不满，或是在讨论天人关系时顺便谈及的问题，因此本身不够系统、精致。

五　天人感应学说的历史影响及现代遗迹

天人感应学说在现代人看来，是一种虚妄的人与自然的联系，是经不起现代科学理论的批判的。但是，作为历史上曾经盛极一时、流传甚广的学说思想，它在中国历史上的影响是非常广泛的，甚至直至今天，我们还可以从现代社会中找到它的影子。

在中国历史上，天人感应学说的影响可以分为正负两个方面。从正面影响来说，主要表现在对至上君权的约束，以及对君王错误行为和恶政的威慑劝诫。从负面影响来说，主要表现在对人和自然的关系的错误认识，以及借天人感应来煽动麻痹人民。

先来看一下天人感应的正面影响。在中国封建社会，封建帝王的权力是至高无上的，如何限制君权，使国家政治正常运转，防止因为帝王个人的任意妄为造成王朝覆灭的危险，一直是令当时的政治家头疼的问题。除了在政治制度上约束外，天人感应也是大臣约束君权，对帝王的错误行为进行劝谏的很好的依托和根据。封建帝王号称“天子”，除了上天之外，是人间的最高主宰，没有谁能够约束他。而上天是不会直接约束帝王的，必须通过一个中介，通过什么呢？就是通过天人感应，通过异常的吉祥征兆来奖赏帝王的勤政善行，通过反常的灾异征兆来警告帝王的恶政暴行。这样的理论使历代的帝王心有顾忌，不敢过分放肆。遇到反常的天象和自然灾害，如山崩地动、日食彗星等，帝王都要进行自责，大赦天下，祈求上天恢复正常。这样的记载在历代的正史中可谓随处可见。《后汉书·孝安帝纪》中有这样的记载：东汉孝安帝三年三月，京师发生大的饥荒，以致人民相食。百官公卿非常震惊恐惧，认为是自己为政不善所致，于是一起上朝请罪。孝安帝下诏说：我以幼小的年龄继承大统，登基为帝，没有实行好的教化，政治不利，从而使阴阳错逆，让百姓遭受饥荒之苦，以致人民相食。这让我感到非常不安，如坠深渊。所有这些过错都在我，不是你们为公卿的责任。又如《汉书·成帝纪》载，西汉成帝阳朔元年二月发生日食，汉成帝非常恐惧，赶忙在三月大赦天下囚徒，以此祈求上天息怒。

在封建社会，大臣对君王上书直谏，如果惹得龙颜大怒，轻则被贬官流放，重则性命难保。因此，大臣们往往借天象、灾异，利用天人感应学说来对帝王进行委婉的批评和劝谏。如《后汉书·张衡传》记载张衡上书说：顺帝经过从太子贬为济阴王的挫折，后来才继承皇位，按道理应该发奋有为，受到上天降下的福祉，得到百姓的赞誉。但是现在却“阴阳未和”，灾害屡屡出现。上天是“福仁祸淫”，其灵验就像影子和回声一样。因此劝告顺帝“恭俭畏忌”，以求福瑞。在这里张衡认为“福仁祸淫”是不变的天道，因此借用天人感应学说对顺帝为政之失提出了委婉的批评。

天人感应是对人与自然关系的歪曲、附会，并且具有很强的政治色彩，因此，在正史记载中，历代帝王兴起或衰亡总是有瑞兆或凶象相伴。如《汉书·天文志》记载：“汉元年十月，五星聚于东井，以历推之，从岁星也。此高皇帝受命之符也。故客谓张耳曰：‘东井秦地，汉王入秦，五星从岁星聚，当以义取天下。’”所谓“五星聚于东井”，是指金、木、水、火、土五大行星集中在井宿附近。五星汇聚这种罕见的天文现象称为“五星连珠”，被认为是一种瑞征。《汉书》认为“此高皇帝受命之符也”，也就是说这是汉高祖刘邦受天命即将夺取天下的吉兆。

同时，天人感应也被一些统治者利用来粉饰太平，吹嘘自己的政绩，甚至采取假造吉祥瑞征的办法。而地方官员有时为了讨好君王，也会挖空心思，编造一些所谓盛世太平的瑞兆，如二程说：“五代多祥瑞”。五代是中国历史上分裂割据、战争频繁的时期，统治者为了粉饰太平，经常宣称天降祥瑞。明代思想家王廷相也指出："孙皓昏暴，瑞应式多。"孙皓本是三国时吴国末代昏庸暴虐的国王，却出现那么多的瑞应，因此令后人产生怀疑。

此外，历代农民起义，常常会借天人感应学说制造瑞征，表明自己受命于天，以此来争取广大民众的信任和支持，推翻当朝统治。例如我们熟知的秦末的陈胜、吴广起义，二人就在起义前制造了一些祥瑞。据《史记·陈涉世家》记载，他们曾指使人在帛上书写"陈胜王"三个红字，然后放在鱼肚子里，士卒买鱼回去吃，发现了觉得很惊讶。他们又让人在祠堂旁点上篝火，学狐狸叫："大楚兴，陈胜王。"意思是说，被秦灭掉的楚国将要重新兴起，陈胜将要做楚国的国王。类似的做法在历代的农民起义中多被效法采纳，像元末农民起义之前也制造过瑞征。这种办法也被想夺取政权的王侯将相采纳。所有这些，都是为了证明自己得到天命的认可，天命将转移到自己这里，因此天下将为己所有。

天人感应思想在民间有着非常广泛的流传和影响。元代著名杂剧作家关汉卿的剧作《窦娥冤》讲述了这样一个故事：窦娥的父亲窦天章借了寡妇蔡婆婆 10 两高利贷银子无法还清，只好让窦娥到蔡家当童养媳。蔡婆婆的儿子不幸早逝，窦娥与蔡婆婆两人生活。无赖张驴儿看上了窦娥，窦娥不肯嫁给他，情急之下张驴儿阴谋毒害蔡婆婆，结果误将自己的父亲毒死。在威逼不成的情况下，张驴儿反诬窦娥毒死自己的父亲，将她告到了官府。太守收了张驴儿的贿赂，将窦娥屈打成招。行刑前，窦娥对监斩官说，现在是三伏天，如果自己是冤枉的，上天会降下三尺瑞雪，同时当地将要蒙受三年旱灾。果然，监斩官刚命令"开刀问斩"，霎时间天昏地暗，飞沙走石，继而席片般的大雪纷然而至。此后当地遭受了三年旱灾。窦娥的冤屈使上天同情震怒，降下大雪，连续旱灾。这些剧情的设计，正是天人感应思想的反映。

到了现代社会，天人感应已经不再具有原有的那种影响，但是作为历史上曾经盛极一时的思想学说，在今天仍然能找到一些痕迹。可以说，从总的情况来看，天人感应思想在现代已经不是主流，其更多是在知识水平较低的民众中间流传，受过较高的现代教育的人已经很少有人相信这种人与自然的牵强的联系了。

天人合一

一　先秦儒家的天人合一思想

《论语·公冶长》记载了孔子弟子子贡的一段话："夫子之文章，可得而闻也，夫子之言性与天道，不可得而闻也。"子贡认为，孔子的道德表现于外的，如威仪言辞等，是可以听得到、看得到的，但关于"性与天道"，孔子很少论及，因此向他学习的人很难了解。从现存关于孔子言论的资料来看，在孔子的思想中，似乎还没有表现出天人合一的意思来。孔子有只言片语谈及人效法天："唯天为大，唯尧则之。"（《论语·泰伯》）这是称赞尧效法天道，具有宽广的胸襟，并且对民仁爱。孔子又在《阳货》篇中以自然之天作为自己的行为的根据："子曰：'予欲无言。'子贡曰：'子如不言，则小子何述焉？'子曰：'天何言哉！四时行焉，百物生焉。天何言哉！'"孔子的弟子对孔子想要"无言"表示异议，孔子则认为，"无言"也是自然之天的特点。

儒家一系真正明确体现天人合一思想的当属子思学派的《中庸》。《中庸》开篇即说“天命之谓性”，即人的道德本性是天赋予的。在《中庸》里，最根本的范畴是“诚”，“诚”就是真实无妄，天道是真实无妄，人道取法天道，也是真实无伪的。因此说“诚者，天之道也，诚之者，人之道也”。只有通过“诚”，才能尽人性、物性，达到“与天地参”的天人合一的至高境界。“唯天下至诚，为能尽其性；能尽其性，则能尽人之性；能尽人之性，则能尽物之性；能尽物之性，则可以赞天地之化育，可以赞天地之化育，则可以与天地参矣。”

孟子继承了《中庸》关于“诚”的观念，他的“诚者，天之道也，思诚者，人之道也”即是说诚是天道，追求诚是人道，这与《中庸》的有关说法基本是一致的。所不同者，孟子在由性至天之前又加上了心这一环节。孟子认为，“仁义礼智根于心”（《尽心上》），仁义礼智的根本存在于人心之中，人人都有恻隐、羞恶、辞让、是非之心，是仁义礼智的萌芽，称为“四端”。孟子指出，心的职能就是思考，这是上天赋予人的。（《告子上》）因此孟子提出，只要充分发掘人的心灵，扩充根植于人心的“四端”，就可以了解人的本性，知道人的本性，也就可以知天。孟子称仁义礼智为“天爵”，也就是天赋。因此，只要运用上天赋予的心去思考，充分发掘心灵，完全了解人性，也就可以知天了。这样由扩充发掘人心，到了解人性，再到知天，也就达到了天道和人道的合一。

《易传》中的天人合一思想主要表现为“天人合德”。乾卦《文言》曰：“夫‘大人’者，与天地合其德，与日月合其明，与四时合其序，与鬼神合其吉凶。先天而天不违，后天而奉天时。”这里的“大人”是指道德高尚并居高位的人，他的道德像天地一样覆盖承载万物，他的圣明像日月一样普照万物，他的为政像四时一样井然有序，他显示吉凶像鬼神一样神秘莫测。他先于天象行动，天不违背他；后于天象处事，又能遵循天道变化的规律。从这些论述来看，所谓“大人”已经达到了非常高的境界，不仅与天地、日月、四时、鬼神之道相合，而且无论是先于天象还是后于天象行事，都与天道相一致，已经达到了与天道的完全相合。

圣人的道德依据来自天地，因此在《大象传》中，多是“某某某，君子以某某某”的句式，意思是天道如何，君子就应该效法天道如何。最具有代表性的是乾坤两卦的《大象传》。乾卦的《大象传》云：“天行健，君子以自强不息。”意思是说，天道的运行刚健不息，因此君子要效法天道，自强不息。坤卦的《大象传》说：“地势坤，君子以厚德载物。”意思是说，大地的气势厚实和顺，君子因此增厚美德，容载万物。

《系辞传》曰：“天尊地卑，乾坤定矣；卑高以陈，贵贱位矣；动静有常，刚柔断矣；方以类聚，物以群分。”天尊地卑等自然现象，既是人类伦理道德的依据，也是圣人作《易》的根据。圣人作《易》，正是为了效法天道，为人类的道德伦理提供依据。因此《说卦传》说：从前圣人制作《周易》时，将要用它来顺合万物的性质和自然命运的变化规律，因此确立天道有阴和阳，确立地道有柔和刚，确立人道有仁和义。包含天地人的象征而两卦相重，所以《周易》每六爻形成一卦。《系辞传》又说：

《周易》这本书包含的道理非常广博周到，其中含有天道、人道和地道。兼含天、地、人三才的象征而两卦相重，就出现了六画的卦，六画，没有别的意思，正是象征着天、地、人的道理。

既然《易》包含着天道、地道，又包含着人道，因此只要“居则观其象而玩其辞，动则观其变而玩其占”，也就是平时居处时观察易卦的象征而玩味卦辞，当有所行动时就观察易卦的变化而玩味其占卜，就能体悟《易》中的“弥纶天地之道”，达到“与天地合其德”的境界。

先秦儒家的天人合一说，不仅是一种道德境界，也是实现道德理想、目标的过程。子思的“知性”到“与天地参”和孟子的“尽心”“知性”“知天”，都是道德认识和道德实践统一的过程。而《易传》所强调的“与天地合其德”，既是一种道德境界，又是一种道德实践的过程。

二　汉代至宋明儒家对天人合一思想的探索

汉代儒家董仲舒以天人感应学说闻名，对于天人合一也有很多论述。如他在《春秋繁露·深察名号》中说：“事各顺于名，名各顺于天。天人之际，合而为一。”《春秋繁露·阴阳义》又说：“天亦有喜怒之气，哀乐之心，与人相副。以类合之，天人一也。”一般认为，董仲舒虽然没有直接提出“天人合一”四字，也算是较早提出类似说法的。董仲舒认为，“名则圣人所发天意”，即名是圣人对天意的阐发，因此，做事情依名而行，就是顺从天意，以此事天，就达到人事与天意的一致。在本段所引第二句中，董仲舒认为，天和人一样，具有喜怒之气、哀乐之心，从这一点讲，天人是一致的。因此，董仲舒的天人合一说，实际上是认为天人相类，或天人相副。根据他的“同类相应”的观点，天人相副或天人相类，是天人感应的原因。因此，有的学者认为“董仲舒言‘天人合一’，目的是为了论证‘天人感应’，在政治上具有强烈的针对性和实用性”①，是很有道理的。

董仲舒的“天人相副”说，在第四章我们已经略有提及，除了人副天数，即人和天在数上有很多一致性外，董仲舒认为天人在性情上也是类似的。在《春秋繁露·为人者天》中他说：从天生万物的角度说，天是人的曾祖父，这是人与天相类的原因。人不仅在形体、血气、德行等方面与天相类，而且喜怒哀乐等性情也与天的春秋冬夏类似。从这方面说，人也是天的副本。

董仲舒有一句著名的论述，经常被人引用，那就是：“道之大原出于天，天不变，道亦不变。”（《汉书·董仲舒传》）他认为，作为人类根本规律和法则的“道”，其本原是天，天是永恒不变的，因此道也不变。既然天人相类，人的形体、血气、性情都上类于天，那么人道的本原也出自天。可以说，天道和人道从根本上讲是一致的，是合一的。

汉代之后，曾经出现过不同的天人合一说，这些学说到了宋代，在继承儒家具有道的意义的天人合一学说的基础上，吸收了当时流行的佛教、道教的天人观，加以改造，形成当时具有很强的理学特色和哲学思辨色彩的天人合一说。

---

① 黄朴民：《“天人感应”与“天人合一”》，《文史哲》，1988年第4期。

宋明理学的天人合一说大致可分为三派：一派是以张载为代表的以“气”为本体的天人合一说，第二派是以朱熹、程颐、周敦颐、邵雍为代表的以“理”或者“天理”“道”“太极”等精神为本体建立起的天人合一说，第三派是以陆九渊、王阳明为代表的以“人心”为本体建立起的天人合一说。这三派的天人合一说的区别主要表现在以什么为本体来建立天人合一说。但三派毕竟都属于宋明理学，在基本精神上又表现出相通之处，那就是它们都试图借天人合一说构建一种非常崇高的精神境界，这种精神境界以道德为基础，但又是超道德的。下面分别对三派的天人合一说作简单的介绍。

张载是北宋理学的代表人物之一，在思想史上他首先明确提出“天人合一”四个字。他在《正蒙·乾称》中说：“儒者则因明致诚，因诚致明，故天人合一，致学而可以成圣，得天而未始遗人。”

张载认为“太虚即气”（《正蒙·太和》），他认为太虚不是虚无，而是气散而未聚的状态。他指出：气的集聚、发散对于太虚来说，就像冰的凝结、溶解对于水一样。知道太虚就是气，也就知道了根本不存在虚无的状态。由于气中有阴阳二性，因此互相感应，聚合为万物。张载认为人和万物都是“太虚”的造化，因此，在宇宙观上属于气本论。他的天人合一说就是建立在气本论的基础上的。张载的气本论主要源于易学，他对于易理的阐发主要集中在《横渠易说》（以下简称《易说》）中。他在《易说·说卦》中认为，一物两体，也就是说一气之中含有阴阳二性，这就是所说的“太极”。太极是阴阳二气的统一体，在天道表现为阴阳，在地道表现为刚柔，在人道表现为仁义。代表天、地、人三才的三画卦两两相重，其中无不包含着乾坤之道。因此《易》本身包含着天、地、人三才之道。

张载认为，《易》包含天、地、人三才，体现了阴阳二气的变易法则和天地产生养育万物的大德，因此，要了解天道就要从《易》开始。他说：在《周易》里，乾坤代表天地，《周易》是讲天地创造养育万物的道理的。圣人首先要了解天地造化万物的道理，然后才能穷尽天道。因此，不了解《易》怎么能知道天道，不知道了解天道怎么能谈论人性？（《易说·系辞》）

在这里又提出了“性”的范畴。张载继承了《中庸》《孟子》和《易传》关于“性”得之于天的说法，同时，结合他从易学发展而来的气本体论，即将“天”解释为“太虚之气”和万物产生的根源，这样“天性”也就成为气的本性，也就是他说的：聚合太虚之气，于是产生“性”这个名称。张载由气化过渡到人事，使天人合一，正是通过“性”这一范畴完成的。张载所说的“性”不仅是人性，而且是天道的本性，即在天地间普遍适用的根本原则。他说：“性”就是天道。又说：“性者，万物之源”，认为气化流行，万物生生不息，于是有“人之性”“物之性”。由此，“性”实际上被提升到与“气”同样的本体地位。张载认为，人性源于天性，从本质上说与天性是一致的。他在《西铭》中说：天性存在于人身上，就像水存在于冰之中一样，凝聚、融化所表现出的状态虽然不一样，但是从本质上说都是水。这也就是说天性与人性的不同只是外在表现形式的不同，他们在本质上是相同的，就像冰和水的本质都是水一样。既然人性与天性在本质上是同一的，那么天和人不必强行分开，因此《周易》在讲天道时，总是将人事也一起拿来论述。（《易说·系辞下》）张载认为，只要按照包含天地之道的《周易》的指导行事，就可以上合天道，与天为一。

张载所追求的最高道德境界“穷神知化”，实际上就是天人合一的境界。所谓“穷神知化”，是指穷尽天地神理，通晓万物变化，与孟子所说的“尽心、知性、知天”三个层次中“知天”的境界相仿。他说：“穷神知化，与天为一”难道是人勉力而为所能达到的吗？这是人的道德达到极高的水平后，自然而然达到的。（《易说·系辞下》）在“穷神知化”的境界，实际上已经消除了我和非我的界限，从而使个体与整个宇宙合而为一。张载在《正蒙·大心》说：扩充人的内心，则能体会容纳天下万物。如果有事物没有体会到，那么心就会有物我的区分。世俗的人心，受到见闻偏见的束缚，圣人穷尽天性，不受见闻的约束。圣人看待天下万物，没有什么不是我。孟子说的尽心、知性、知天正是因为此。天广大无外，所以有物我、外内之心，不足以与天心相合。普通的见闻所知，是接触事物获得的知识，不是靠道德天性获得的知识。靠道德天性获得的知识，不产生于见闻。张载认为，普通人以与事物的接触来看待万物，这样就有物我、我和非我的界限，这是用见闻束缚了自己的心。圣人看待万物，则是打破这种束缚，用道德天性来扩充本心、体悟万物，这样看天下万物，没有不是我，这样，就破除了我和非我的界限，以整个宇宙为一个大我，于是我与天合而为一。

张载认为，天人合一的境界是通过“诚明”达到的。《易说·系辞上》曰："儒者则因明致诚，因诚致明，故天人合一。"所谓"诚"是指穷尽天性所达到的状态；所谓"明"是指穷尽物理所获得的知识。上面这句话就是说，儒者从穷尽天下之理然后穷尽天性，又从穷尽天性然后穷尽天下之理，所以天人合一。张载强调，所谓"诚明"，就是要在知识方面破除日常闻见的束缚，达到人性和天道的合一。他说，诚明所获得的知识，是天的道德和良知，不是日常见闻的小知识。……所谓诚明，就是要达到人性和天道不再有大小区分，完全合一。（《正蒙·诚明》）在诚、明的先后顺序上，张载强调自明至诚，即先穷尽物理，再达到对天性的体认，实际上是强调达到天人合一的境界需要以对万事万物道理的把握作为基础。

程颢也强调"一天人"，将天道和人道统一。但他认为"天人本无二，不必言合"。也就是说，天道和人理本来是一回事，因此不必说天人相合。（《河南程氏遗书》卷六）他说："万物皆是一个天理"，即天下万事万物说到根本都是一个天理。（《河南程氏遗书》卷二上）程颢认为，对于人来说，所谓性、心都是天理。因此人不需外求，只要尽心、知性，就可以知天："只心便是天，尽之便知性，知性便知天，当处便认取，更不可外求。"（《河南程氏遗书》卷二上）所谓"天人本无二"，就是此意。

程颢的"天人本无二"，还有另一层含义，即"以天地万物为一体"，也就是把天地万物都看作一个大我，我与天地万物融为一体，不分彼此，程颢以此作为最高的精神境界。他说：至仁之人，把天地看作与自己是一体，天地之间的万物就是四肢和身体的各个部分。人哪有不爱惜自己的四肢和身体的各个部分的？

只有圣人达到至仁的境界，能够像爱自己的四肢和身体各个部分一样爱天地万物，将其视为一体。（《河南程氏遗书》卷四）他认为只有圣人能够“天地为一身”，即以天地万物为大我，超越小我，这样也就达到天人为一了。因此他说：人和天地本来就是一个东西，有人非要把自己局限于小我，区分物我，这是为什么呢？（《河南程氏遗书》卷十一）程颢的这些思想与张载是相似的。

与程颢不同，程颐从天道与人道的同一性来论证天人合一。他说：道本来只有一个，怎么能说人道就是人道，天道就是天道，它们不是一致、同一的吗？又说：道根本没有天人的区别，道在天就体现为天道，在地则体现为地道，在人体现为人道。（《河南程氏遗书》卷二十二上）程颐认为，“道”亦就是“性”。他说：我们把“性”的善的方面称为“道”，“道”和“性”是一致的。又说：按照“性”的要求去做，都是善。圣人根据善的不同方面，分别命名为仁、义、礼、智、信……总体来说都是“道”，分开来说也都是“道”。（《河南程氏遗书》卷二十五）性之善者就是道，因此仁、义、礼、智、信就是道。这样程颐就把仁、义、礼、智、信这些人伦道德，也就是人道，提升为宇宙的最高法则和规律，也就是天道。

程颐关于天道、人道同一的思想还体现在把《周易》所讲天道的“元亨利贞”“四德”与人道的“仁义礼智信”“五常”相比附。他说：“元亨利贞”，称为天道的“四德”。“元”是天生万物的开始，“亨”是万物生长，“利”是万物顺遂，“贞”是万物的完成。（《程氏易传》卷一）又说：“四德”中的

“元”，就好像五常中的“仁”，如果概括地说都是一个事情，如果分开来专门说，就包括四个方面。

后来朱熹对此加以充分发挥，他把元、亨、利、贞、生、长、遂、成，与春、夏、秋、冬、仁、义、礼、智比附配合起来，也就是将天道的自然规律与人道的道德原则统一起来。朱熹认为，天理和人心是同源的：理是天的本体，命是理的具体应用，性是人所受自于天的禀赋，情是性的发挥表现。天道在人心时称为性，在事理上称为理。（《朱子语类》卷五）因此他又说：天就是人，人就是天。人刚出生时，一切是源自上天的。天产生人后，天道又在人身上体现。

朱熹认为，只有格物穷理，才能达到天人合一。他在《大学章句》中说：《大学》在开始对人进行道德教化时，一定让学习的人接触天下的事物，在自己已经了解的道理的基础上做进一步的探究，直到发展到极致。在用力思索很久之后，一旦豁然开朗，万物贯通，于是万物的表面和内在、精细和粗糙都能了解到，人心所具备的天理也因此完全体悟。穷尽物理，就可以除去心灵的遮蔽，穷尽心中所具有之天理，从而达到天人合一的理想境界。

宋明理学心学一派的创始人陆九渊反对程朱理学烦琐的格物穷理过程，他吸收程颢的“天人无二”说，并加以发挥。他最著名的论断就是：“宇宙便是吾心，吾心即是宇宙。”（《象山全集》卷二二）他说：心只有一个心，理也只有一个理，非常允当，归于同一，意义精当，没有别的歧义。此心此理只有一个。（《象山全集》卷一）因此他认为，求理只需求之内心，不必外求。他说：万物充满于方寸之心中，扩充此心，则充满宇宙间的，无不是理。（《象山全集》卷三四）既然天理存于我心，不须外求，因此“尽吾之心，便与天同”。只要穷尽人心，就与天道合一。

心学的另一重要代表人物，明代理学家王阳明继承了陆九渊的思想。他说：心就是道，道就是天，了解心就是通晓道、通晓天。这里所说的“道”仍与“理”同义。所以他又说：“心即理也”，心就是理；“心外无理，心外无事”，心之外没有别的理，心之外没有别的事。（《传习录》上）

王阳明进一步发挥程颢“与万物为一体”的观点，他说：所谓“大人”，是指把天地万物当成一体，他看天下就像一个大家庭，看整个国家的人就像一个人。如果追究形体内外、你我的区别，就是小人了。大人之所以与天地万物为一体，不是主观的揣度，而是心性就是如此，它和天地万物融为一体。（《阳明全书》卷二十六）王阳明所说的“与天地万物为一”的境界，实际上仍然是通过消除我和非我的界限，把宇宙万物当作一个大我实现的。这样的胸襟和境界并不是每个人都能达到的，只有“大人”，也就是道德境界高尚的人才能达到。

三　道家的天人合一思想

从前两节关于儒家天人合一思想的论述，我们可以看出，儒家论证天人合一时，是由人道到天道，通过将人世的道德伦理提升到本体的高度来实现的。而以老庄为代表的道家则是由天道到人道，将人统一于天，也就是以人合天。

老庄以人合天的思想，集中体现在由老子提出、庄子加以发挥强调的“道法自然”的命题中。老庄认为，所谓自然就是“天”或“道”，他们所说的“自然”主要包含两层意思：一是指事物的自我生长发展，庄子说牛、马都有四个蹄子就是“天”；一是指没有经过人为干预的自然界的原始状态或者人的未受后天污染的纯真本性。《庄子·骈拇》认为野鸭的小腿很短，仙鹤的小腿很长，但如果给野鸭的小腿接上一段，把仙鹤的小腿去掉一段，就是人为干预它们的自然状态，违背了它们的天性，会产生忧患悲伤。《庄子·大宗师》则借“真人”描述了人的自然纯真的本性状态：睡着时不做梦，醒来时没有忧虑；不知道喜欢活着，也不知道厌恶死亡；登高不知道害怕，进入水中不怕沾湿，如此等等。

《老子》第二十五章说：有一个浑然一体的东西，它在天地产生之前就已经存在，无声无形，独立存在，不依靠人和外在的力量，不停地运行，没有懈怠，它可以作为天下万物的母亲，也就是根本。我不知道它的名字，给它起名叫作“道”，勉强称它为“大”。老子认为被他称为“道”的东西在天地之前已经存在，并且不依赖别的东西，因此它是世界万物的本原，“为天下母”。“道”生万物的过程是：“道生一，一生二，二生三，三生万物。”（《老子》第四十二章）“道”不仅是万物的本原，而且是世界的普遍规律。老子主张：人效法地，地效法天，天效法道，道效法自然。（《老子》第二十五章）所谓“自然”也即“无为”“不争”“不有”，实际上是“道”本身具有的属性和状态。这样，在人、天、地、道四者中，“道”最高，为其他三者所从出。

虽然在老子的思想中，道先于天存在，天不是最高的本原，但从老子论证人道应该自然无为总是以“天道自然无为”为根据这一点来看，应该说在老子的思想中已经表现出以人道合天道的倾向。《老子》五千言最后一句的总结是：“天之道利而不害，圣人之道为而不争。”（第八十一章）天之道对万物有利而没有危害，圣人之道做什么都不与别人竞争。就是将天道和人道相比附。老子说：“天地不仁，以万物为刍狗。”（《老子》第五章）这是说天地没有价值倾向，而是让万物自生自灭。他认为为人君者应该效法天道自然无为，不争不有。老子将自然天道与社会人道进行了很多比附，这里举几个例子：

《老子》第七章说：天地之所以能够悠长久远，是因为它的生存不是为了自身。因此圣人把自己放在最后，反而能够事事处于最前；不考虑自己，反而得到安全，这不正是因为他的无私才成就了他的私利吗？这是说圣人效法天地“不自生”而“长生”，从而由“无私”而“成其私”。

《老子》第六十六章说：江海之所以能够成为众多河流之王，是因为他们善于处于众多河流的下游，所以能够成为众多河流之王。……因此圣人之所以能够高高在上而百姓不觉得重负，处在百姓之前而不被觉得妨碍……是因为圣人不与别人争夺，因此天下没有人能争得过他。这是说圣人应该效法江海处下不争，达到“天下莫能与之争”。

《老子》第七十八章说；天下没有比水更柔弱的东西了，但是攻击坚强的东西没有比水更厉害的了。……因此圣人说：能够承受国家耻辱，才能成为社稷之主；能够承担国家的灾殃，才能成为天下之王。这是说为国君者要像柔弱的水一样忍辱负重，才能成就大事。

老子的这些比附，实际上是为他的关于人世的政治主张寻找更高的依据，也就是自然天道，也就是以人道去合天道。

庄子继承了老子天道自然无为的思想，他说："牛马四足是谓天"（《庄子·秋水》）。天就是牛、马四足，也就是没有经过人为加工的自然状态，天道是自然无为的。他又说："落马首，穿牛鼻是谓人。"这里的"人"是指人为，即给马套上笼头，给牛穿鼻，给牛、马加上后天的束缚，就是人为。庄子反对人为，主张返璞归真，顺应自然天道，所以他说："无以人灭天"。（《庄子·秋水》）

庄子认为，由于人们注重人为，丧失了自然本性之真，因此产生了种种纷争，要消除纷争和冲突，就必须去除人为，抛弃自身一切人为和造作，无所用心，达到"形全精复，与天为一"的精神境界。所谓"形全精复"，是指在形体、精神方面消除后天人为束缚，恢复自然纯真的状态，这样就可以达到天人合一。具体地说就是像《庄子·大宗师》所描述的"真人"的状态：他的心无思无虑，他的表情无事无为，他的额头非常朴实，他生气时像秋天一样冷酷，高兴时像春天一样温暖，喜怒哀乐的表现像四时的运行一样自然，随物所宜而不能了解他的边际。

庄子指出，要达到"天地与我并生，万物与我为一"的至高境界，必须经过一定的修养方法。其"妙道"是"堕肢体、黜聪明，离形去知”，即忘却自己的肢体，废弃自己的视听，避开形体，去除心智，通过坐忘、心斋等一系列的修养功夫，抛却喜怒哀乐等外在情感，达到“无己”“忘己”，不仅忘记功名利禄、是非成败等身外之物，而且忘记自己的精神和肉体，在精神上处于逍遥无待的状态，真正达到自由往来、无牵无挂。庄子说：“忘己之人是之谓入于天。”只有完全忘却自己，才符合天道，与天为一，成为至人、圣人和真人。

庄子心目中的理想社会——“至德之世”的情形是：人与禽兽和平共处，与万物平等存在，没有君子和小人的区分。（《庄子·马蹄》）在这种社会里人与鸟兽万物自然相处，“入兽不乱群，入鸟不乱行”（《庄子·山木》）；人人自然无为，因此没有君子和小人之分。庄子认为，与“至德之世”相比，他所处的社会的种种人为的礼仪规定损害了人的自然本性，是“削其性”“侵其德”，因此他主张“绝圣弃智”，回到远古那种与禽兽和平共处、不分君子小人的时代。

从上面老庄自然无为、以人合天思想的介绍，我们可以看出，老庄所提倡的崇尚自然，是针对人类社会对人类本真状态的种种污染而言的，是为了消除后天人为的种种束缚，化解人的种种执着，恢复人的毫无心智、不受形体外界感染的纯真本性，从而达到一种自然无为的精神境界。老庄的关注点不是人与自然的关系，这与西方发出的“回到自然”，旨在追求人与自然的和谐统一的呼吁是不同的。

四　天人合一思想的现代启示

天人合一作为具有深远影响的传统思想，对今天的我们具有什么样的启示意义，这是现在许多人关注的问题。特别是人类现代化的进程发展至今，在取得很多成就的同时，也面临着许多困境，人们往往会试图从古代思想宝库中寻找答案和启示。应该说，天人合一毕竟是流行于古代的一种思想，有适合其存在的时代土壤，但是作为一种超然物我的精神境界，它对今天的人们仍然具有一定的启发和指导意义。

随着人类物质生活质量的提高，需求的不断增长，人类对环境的开发利用越来越频繁，人与环境的矛盾也越来越突出。针对这一弊端，许多人试图从古代的天人合一思想中寻找人与自然和谐相处的依据。虽然天人合一不能简单地理解为关于人和自然关系的学说，不能为解决环境问题提供直接性的文化依据，但这并不是说，它对于现代人面临的环境困境毫无帮助。

现代社会，人与自然的矛盾，环境的恶化，其根源是人类总是以环境的主人自居，把人和自然对立起来，而忽视了自己也是自然的一部分，最终受害的是人类自身。

道家的天人合一，追求的是一种自然无为的精神状态。在对待自然的态度上，如果排除道家过分主张自然无为，任凭万物自生自灭，反对对自然界的任何改造利用，想回到原始时代的消极因素，我们至少可以借鉴他们把人和自然平等看待、人与自然和谐相处的态度。在道家理想中的黄金时代，人无伤害万物之心，与禽兽自然相处，这种人与自然的和谐状态还是令人向往的。

儒家从程颢到王阳明都把“以天地万物为一体”作为最高的理想境界，在这种境界中，就不会受到一己之私的小我的束缚，而是形成一天地的大我，视人如己，视物如我，达到一天人的“廓然大公”。达到这种境界的人，就不会为小我的私利去损人利己，而是“天下为公”。这样，在对待人和自然的关系上，就不会只顾局部的眼前的利益，而是会从整个人类的生存大局出发，善待同类，善待自然。

可见无论是道家还是儒家的天人合一观，在对人与自然的态度上都反对把人和自然截然对立分开，甚至把人置于自然之上。他们提倡的人和自然和谐相处、减少对自然过分干预的主张，对于我们处理好人和自然的关系，提高对人和自然关系的认识都有一定的借鉴意义。当然，人类发展至今天，没有自然的养育供给是不可能的。我们主张借鉴传统的天人合一思想，并不是说放弃对自然的开发利用，而是希望能够借此提醒自己，人类和自然实际上是互相依存的关系，过分强调人的能动作用，忽视自然对人类的影响，必然会遭到自然的惩罚。

当然，天人合一的理想境界并不只是对人和自然的关系问题具有意义，它对于现代人表现出的过分追求自我价值和自我实现，甚至发展到损人利己等问题也有一定的医治矫正作用。改革开放以来，人的自我价值和物质需求越来越得到理解和尊重，人的个性和自我得到前所未有的发展。但是，随着商品经济的发展，个人物质利益不断得到满足，也出现了一些弊端，那就是人与人之间关系冷漠，很多人自我膨胀，为实现所标榜的自我价值不惜一切手段，甚至牺牲他人的利益，走上犯罪的道路。天人合一作为一种非常高的道德境界，追求的是一种物我不分的宽广胸襟。为达到这种崇高的境界，我们的先哲非常强调人的自省、自律，积累了一套“格物”“修身”“慎独”等修养理论和方法，这些理论和方法对于我们提高道德境界、走出个人自我的狭小天地仍然有一定的借鉴意义。如果一个人受道德理性的支配，为人处世总是从大我考虑，必然不会被个人自我的狭隘利益所束缚，在处理人与人之间的关系的时候，一定会表现出一种超然的态度，这样就能够避免自我过分膨胀所带来的害处。

天人合一作为一种崇高的道德境界，并不是人人都能实现的，古人为达到“豁然贯通”的境界，苦苦思索，辛勤修行，为我们留下了许多感人的故事。但是真正敢说已经达到这种境界的人，实在是凤毛麟角。因此，我们说，天人合一，更多的是对一种高尚的思想道德境界的追求，正如古人所说，“虽不能至，心向往之”。相信古人在这方面的修养理论对于我们在日常生活中陶冶情操、开阔心胸仍有一定的帮助。

天人合一作为一种审美境界和人生理想，在超越个人生命和理性的局限方面发挥了巨大作用，多少古代先哲或通过格物致知，修齐治平，天下为公，以求上合天道，与天合德，或自然无为，享受精神上的超脱与宁静。可以说，正是这种精神上的超越为众多中国人找到了安身立命的所在。我们相信，在现代社会，天人合一说在这方面仍将具有一定的影响。

“明于天人之分”

一　“天道远，人道迩”

在春秋战国时期，天人感应说盛行，各国的史官往往据天象、灾异预言人事吉凶。当时一些进步的思想家对此进行了批评，最著名的就是春秋时郑国执政子产的“天道远，人道迩”的论述。《左传·昭公十八年》记载，当年五月郑国发生火灾，郑国的官员裨灶说，如果不采纳他用瓘斝禳火的建议，郑国还将发生火灾。郑国人都主张采纳裨灶的建议，子产不同意。他说：“天道远，人道迩，非所及也，何以知之？灶焉知天道？是亦多言矣，岂不或信？”意思是说，天道悠远，人事切近，互不相关，怎么能由天道知道人道呢？裨灶说得太多，难免有偶尔言中的。在这里，子产明确表明了天道与人事没有关系，不能由天道预知人事。而他注重的是人事。

在当时表现出这种思想倾向的并不止子产一人。《左传·庄公三十二年》记载“神居莘六月”，所谓“神”，其实是某种当时不能解释的现象，被视为瑞征，认为是神降自天，这里是说这种现象在莘地持续了六个月。当时虢国的国君虢公命令太史嚣等人祭享神，太史嚣说："虢其亡乎！吾闻之：国将兴，听于民；将亡，听于神。神，聪明正直而壹者也，依人而行。"太史嚣认为，虢国将要灭亡，其根据是：听信于民，则国家兴盛；听信神灵，则国家将要灭亡。所谓神"依人而行"，是指神根据人的行为的善恶来做出奖惩。在这里，太史嚣仍然有天人感应的观念存在，但是从他对虢公的批评已经表现出重人事轻神灵的倾向，他认为应该把为政重点放在百姓对政治的言论评说上。

《左传·桓公六年》记载，季梁说："夫民，神之主也。是以圣王先成民，而后致力于神。"认为对神灵具有影响力的是人民，因此圣王首先应该重视的是人民，其次才是神灵。

《左传》中有很多灾异现象的记载。鲁僖公十六年（前644）春天，宋国属地有陨石降落，又发生一种叫作鹢的水鸟"退飞"的怪事。宋襄公感到惊恐，正好周王室的内史叔兴访问宋国，于是向其请教，问是什么样的征兆，有什么样的吉凶。叔兴应对之后，退下对人说："君失问，是阴阳之事，非吉凶所生也。"他认为，宋襄公所问不当，这些灾异现象是阴阳之事，并不是引起吉凶的原因。在当时人们已经用阴阳观念解释自然现象，因此，叔兴实际上是认为，这些灾异不过是自然界的异常现象，与吉凶等人类的祸福无关。应该说他已经具有将人事与自然分开，否定天人之间存在感应的思想。

生活于春秋末年的孔子，既有敬畏天命的表述、重视祭祀的主张，也有对天命鬼神存而不论的倾向，他关心的重点也在人事上。正如有的书中所说：“他一方面保留着‘天’、‘神’的西周形式，在另一方面却反对了春秋时代的形式主义思想，提出了人事第一的道德化的新内容，以代替鬼神的宗教支配。”[①]

孔子的有关思想行为在《论语》中有一些记载。《述而》说，“子不语怪、力、乱、神”，即孔子是不谈论神怪之事的。对于祭祀，孔子更注重它对人的心灵和人伦的调节作用。《八佾》说孔子“祭如在，祭神如神在”，似乎表明孔子已经不认为神是存在的。当他的学生樊迟问怎样才算作智时，孔子回答说：“务民之义，敬鬼神而远之，可谓知矣。”（《雍也》）实际上已经表达了重人事而轻鬼神的思想。《先进》篇又记载：“季路问事鬼神。曰：‘未能事人，焉能事鬼？’‘敢问死。’曰：‘未知生，焉知死？’”孔子的学生问事鬼神、关于死的问题时，孔子仍然表现出重人事而轻鬼神、重今生而轻死后的思想。

二 “天人相分”

韩非子在《显学》篇说，孔子之后“儒分为八”，荀子就是其中重要的一派。荀子对当时的儒家各派多有批评，他本人对儒家的思想既有继承，也有很多发展，“天人相分”是荀子在天人关系上比较独特的思想。

荀子“天人相分”的思想主要集中在《天论》篇中。在《天论》篇中，荀子开宗明义，一反前人关于天奖善惩恶的说法，认

---

① 侯外庐、赵纪彬、杜国庠：《中国思想通史》第一卷，人民出版社，1957年版。

为天实际上是自然之天，有它本身的规律，与人事无关。他说："天行有常，不为尧存，不为桀亡。应之以治则吉，应之以乱则凶。强本而节用，则天不能贫；养备而动时，则天不能病；修道而不贰，则天不能祸。"自然之天的运行是有规律的，不因为人的行为的善恶而改变。人的吉凶祸福不是由天决定的，而在于人本身的行为是治世，还是乱世。在治世也就是太平之世，人们注意"强本节用"，即以农为本，注重发展农业生产，节约日用，同时注意储备一定的衣食，劝民按农时劳动，遵循自然规律，这样即使发生水旱等自然灾害、寒暑等自然更替，以及灾异等现象，都不能使人饥渴、患病或者蒙受凶灾。如果是乱世，人们按照相反的方式行事，农业荒废，奢侈浪费，衣食没有储备，不勤于农事，不按自然规律办事，就会得到相反的结果。荀子指出，乱世的天时与治世是相同的，却得到与治世吉祥相反的灾祸，这都是人为的结果，不能埋怨天时。因此，只有明了"天人之分"，也就是自然与人事的区别，天人之间不存在联系，注重人为的努力，顺应自然规律，才算作是"至人"。

荀子认为天地都是自然现象，是没有意志的，它们有一定的规律，并不因为人而改变。而君子应效法天地，有自己一定的原则，不因为小人的议论而改变。他说："天不为人之恶寒也辍冬，地不为人之恶辽远也辍广，君子不为小人之匈匈也辍行。天有常道矣，地有常数矣，君子有常体矣。"（《天论》）天不因为人们厌恶寒冷而停止冬季，地不因为人们厌恶路途遥远就放弃广大，君子不因为小人的吵闹而放弃道德行为。天有固定的法则，地有根本的规定，君子则有一定的行为准则。

正因为自然的运行有其自身的规律，不因为人事而改变，不能决定人的祸福，因此荀子认为，天人之间是不存在感应的。他在《天论》中说：流星坠落，树木发出怪声，全国人都感到害怕，问：这是什么现象？其实没有什么可怕的，所谓“星坠木鸣”，是天地、阴阳的变化，是非常罕见的现象。可以认为它是比较奇怪的现象，但是不必因此感到恐惧。日食、月食，风雨失调，天上出现奇怪的星相，这是每个时代都可能发生的现象。如果国王明智，政治清明，即使这些现象一起出现也没有什么妨碍。而真正可怕的是“人袄”。所谓“人袄”，是指不注意农事、为政苛刻、政令不明、礼义不修等恶政。在荀子的眼中，自然界的各种灾异现象，都是天地阴阳的变化，是自然界罕见异常的现象，与人的行为的好坏没有直接的联系。因此只要人好好努力，出现灾异现象也没什么可怕。荀子实际上否定了人与自然的这种牵强的联系，这在当时是具有进步意义的。

与其他儒家学派一样，荀子也非常重视礼仪对人的内心、行为的调节作用，并且对这些礼仪做出人文主义的解释。他认为，在有灾异发生时采取的一些措施，并不是认为有神灵的存在，而只是对政事的文饰。他在《天论》中说：发生日食月食，采取一些措施；发生旱灾，就举行祭祀活动；在做出重大决定之前，都要卜筮。这样做并不是因为有所求，而是一种文饰，而普通人以为非常神秘、神奇，认为文饰则会产生吉祥，认为神秘就会产生凶灾。荀子认为，像祭祀、卜筮这些仪式活动，其实与日食、旱灾之类没有什么直接的联系，举行这些活动并没有什么神奇灵验的目的，只是人们活动的一种修饰礼仪。

荀子之后，对天人感应说继续加以批评，并继承荀子“天人相分”说的是东汉的思想家王充。王充生活的汉代，天人感应、谶纬之说都很盛行，实际上都是认为天人之间存在着某种联系或感应。王充吸收先秦时期特别是荀子的“天人相分”思想，对当时流行的天人感应和谶纬之说进行了批驳。

王充认为：“天地，含气之自然也。”（《论衡·谈天》）天地是包含着气的自然体。又说：“天去人高远，其气莽苍无端末。”（《变虚》）认为天是无边无际的气。在王充看来，天不是有意志的主宰，而是自然之天。他认为，六经、圣人动辄称天，只是以此来吓唬愚蠢的人，实际上提出的是自己的主张。他说：“六经之文，圣人之语，动言天者，欲化无道，惧愚者，欲言非独吾心，亦天意也。及其言天，犹以人心，非谓上天苍苍之体也。”（《论衡·谴告》）王充认为，圣人关于人事的言论，都是出自人心，与天道无关。

在对天人感应说进行反驳时，王充注意到了“天子”是上天安排的观念和谴告说之间的矛盾。他在《自然》篇中说：“天能谴告人君，则亦能故命圣君，择才若尧舜，受以王命，委以王事，勿复与知。今则不然，生庸庸之君，失道废德，随谴告之，何天不惮劳也？”他说上天如果能选择像尧舜那样的圣君，授予王命，交给他王事，就不必再操心了。可是事实上并非如此，选择的国君昏庸，为政失德，然后再谴告，上天怎么这样不怕辛苦呢？

在《物势》篇中，王充反驳了天地有目的生人的说法。他说：夫妇生子，并不是有意的，而是情欲萌动所致，由此可知，天地也不是有意生人。因此，人在天地间，就像鱼在湖泊中一样。天地生人和生万物都是“因气而生”，没什么两样，没有主次之分。

王充还对具体的天人感应说进行了分析批驳。例如，有一种天人感应说认为，虫吃五谷，是因为官吏贪心掠夺百姓。如果虫子身黑头红，则表明是武官所为；如果身红头黑，则是文官所为。对此，王充在《商虫》篇反驳说，如果虫子的头、身是其他颜色又怎么解释呢？如果是平民中的坏人掠夺百姓，那虫子又该是什么样的呢？虫子的灭亡是因为风雨，虫子灭亡后，贪官却未必伏法。旱地中的老鼠、水田中的鱼虾都是危害谷子的生物，它们又该与什么官吏对应呢？

王充从以上几个方面对天人感应进行了批驳，从而证明他的“天道自然，吉凶偶会”的观点。他又说：寒冷和温暖之气，产生于天地之间，统一于阴阳二气，人的行为、国家的政治怎么能对它有所影响呢？（《论衡·变动》）王充认为人事并不能影响自然，实际上也是主张“天人相分”。

三　天人不相预与天人交相胜

在唐代，继承荀子和王充的“天人相分”思想，并有所创新和发展的思想家是柳宗元和刘禹锡。

柳宗元的“天人不相预”的观点是建立在他对于天的自然本性的认识上的。他说：“生殖与灾荒，皆天也；法制与悖乱，皆人也。二之而已，其事各行不相预。”（《答刘禹锡〈天论〉书》）他认为，万物的繁衍生长，都是天的事，政治上的治乱，都与人事有关。天和人各有自己的规律，互不牵涉。

柳宗元继承了王充等关于世界本原和构成的理论，认为天地形成之前，只有元气存在，他在《天对》中说：“厖昧革化，惟元气存。”他认为在万物产生之前的茫茫无形的状态中，存在的东西只有元气。天地产生变化的过程就是元气运动变化的结果。柳宗元认为，元气存在于天地之间：“彼上而玄者，世谓之天；下而黄者，世谓之地；浑然而中处者，世谓之元气。”（《天说》）

基于对天的这种认识，柳宗元对天人感应说进行了批驳。他认为，人的祸福并非因为上天，而是人自身的行为造成的。他说：“力足者取乎人，力不足者取乎神。”人在能力能够达到时，就依靠其自身的力量解决问题，当人的能力不能达到时，就向神灵上天求助。这揭示了人求助上天神灵的心理背景。

柳宗元早在青年时期就写下了批驳天人感应的文章《贞符》，在文中他说：“受命不于天，于其人；休符不于祥，于其仁。”王命的接受，政权的获得，不在于天，而在于人；吉祥的征兆不是自然界的那些所谓“瑞征”，而是统治者的仁政。这样就把人事和天命自然区分开来。

《国语》中记载了西周末年伯阳父对地震的解释，认为由于人的行为使天地之气没有秩序，因此引发地震。对此，柳宗元在《非〈国语〉》中进行了批驳。他说：山川只是天地之间的自然之物，阴阳是存在于天地之间的两种气，它们的运动、停止，耸立、流动都是自身原因造成的，跟我们人类有什么关系？山川或者干涸枯竭，或者崩塌陷落，怎么会是因为我们人类的行为而产生的呢？柳宗元同样认为自然万物的发展变化有自身的规律，跟人类的行为没有直接的因果关系。

先秦时期的《月令》，主张按时令和五行为政，否则，就会使自然时令失序，实际上也是认为天人之间存在着联系感应。柳宗元对此也进行了反驳批评。他在《时令论》中说：圣人之道，不探究怪异之事来显示神奇，不援引天来抬高自己，只是注重对人有利，做事完备，如此而已。而《月令》里的说法，勉强把五行之类和人间的政令相合，这样离圣人之道不是太远了吗？

刘禹锡是唐代主张“天人相分”的另一位著名的思想家，他的“天人交相胜”说在思想史上是独树一帜的。

刘禹锡在宇宙论中提出，天不过是“有形之大者”，也就是有形体的东西中最大的，否定了天是有意识的最高主宰。他认为万物“乘气而生”，“浊为清母，重为轻始”。（《天论》下）天为清为轻，地为浊为重，因此地是天的根基，一反过去传统的天尊地卑的观念，令人耳目一新。既然天是没有意志的，那么自然界的所谓吉凶之兆与人事无关。他说：“霆震于畜木，未尝在罪；春滋乎堇荼，未尝择善。”（《天论》上）雷霆震击牲畜树木，不一定是选择有罪之人；春天草蔬滋长，不一定选择有善行的人。

刘禹锡的《天论》开宗明义，指出：凡是有形的东西，都有能做到的和不能做到的。天是有形体的东西中最大的，人是动物中最聪明的。天所能做的，人不能做到，相反，人所能做的，天也不能做到。因此说“天人交相胜”。

刘禹锡对“天之能”做了规范解释：“阳而阜生，阴而肃杀；水火伤物，木坚金利；壮而武健，老而耗眊；气雄相君，力雄相长；天之能也。”所谓“天之能”，是指阳气繁生、阴气肃杀、壮年体健、老年衰老等现象，因此实际上“天之能”是指天的客观性，自然界的本能和规律性。

与之相应，他说：“义制强讦，礼分长幼；右贤尚功，建极闲邪；人之能也。”“人之能”是指尊老爱幼的礼节，尊重贤者，奖励有功之人的制度，等等。可见，所谓“人之能”是指人的社会特性和社会规范。

关于“天人交相胜”，刘禹锡用旅游为例，做了一个形象的比喻：在旅行时，大家要到达莽苍之处，寻求在茂密的树林中休息，在水泉边喝水，一定是强壮有力的人先到达，这就是天胜人。而如果住在城郭里，在房檐下乘凉，一定是圣贤之人享受优先，这就是人胜天。从这个例子中我们可以看出，刘禹锡认为，自然的规律是“强有力者先”，人类社会的准则是“圣且贤者先”，二者是根本不同的。刘禹锡还说：“天之道在生植，其用在强弱；人之道在法制，其用在是非。”他肯定了天道和人道的区别，同时，在人道中提出了法制的作用：区分是非。刘禹锡非常重视法制在维护社会秩序中的作用，他指出：法大行，则能辨别是非，注重人道，因此言天之说就不会盛行；法小弛，则是非驳乱，人道驳乱，天人之说也驳乱；法大弛，则是非颠倒，言天之说一定盛行。他一方面指出法制的松弛和严刑与是非的混乱和清楚以及人道的乱、治的关系，另一方面也指出了言天之说盛行之时，必定是是非颠倒，人道废坏，人们对自己的能力产生怀疑之时。

刘禹锡认为，自然的规律，也就是“天之能”与人类社会的治乱无关；同样，社会的准则，也就是“人之能”，不会对寒暑等自然现象产生影响。他说：“天恒执其所能以临乎下，非有预乎治乱云尔；人恒执其所能以仰乎天，非有预乎寒暑云尔。”（《天论》上）

刘禹锡主张的“天人交相胜”说，并不是认为天人互有胜负，而是更肯定人的主观能动性。他说：“然则天非务胜乎人者也。何哉？人不宰则归乎天也。人诚务胜乎天者也。何哉？天无私，故人可务乎胜也。”（《天论》中）他认为，天不一定能胜过人，只有人不能主宰自己时才把自己交给天，使天胜人。天胜人是自然的规律，是无意识的，而人则是有意识地要胜天，只要发挥人的能动作用，就能自觉地认识改造自然界。

柳宗元的“天人不相预”说，进一步指出了天人的区别，对天人感应进行了批判。刘禹锡的“天人交相胜”说，肯定了自然规律和社会道德规律的区别，否定了天人之间的感应联系，在天人关系中强调人的自觉能动性。他们的学说于当时、于后世，都有其积极进步的历史意义。

四　人定胜天

据《史记·伍子胥列传》记载，伍子胥的父亲本是春秋时楚平王的大臣，后来受到陷害被杀。伍子胥辗转逃到吴国，做了吴王阖闾的大臣，为报父仇辅佐吴王五次攻打楚国，最后攻入楚国的都城郢，这时楚平王早已去世，伍子胥找不到当政的楚昭王，就命人掘开楚平王的坟墓，抽打尸体三百鞭子，才算罢休。伍子胥在楚国时的好朋友申包胥听说后，觉得他做得太过分，于是派人传话说：“子之报仇，其以甚乎！吾闻之，人众者胜天，天定亦能破人。”他认为人众多可以一时凶暴胜天，但最终会受到天的惩罚。这是较早类似人定胜天的说法，只是说者的目的不是肯定“人众者胜天”，而是劝人做事不要太过分。

在人和自然的关系上，最初由于人征服自然的能力有限，只是在神话传说中表现出征服自然、战胜自然的强烈愿望。在中国的古代神话中，这样的神话传说有“夸父追日”“精卫填海”“愚公移山”等。

“夸父追日”的故事见于《山海经·海外北经》，说的是一个叫夸父的神话人物追赶太阳，口渴想喝水，在黄河、渭水饮水，还不够，于是北上准备到一个大泽中喝水，中道渴死。他的手杖化为一片树林，叫作邓林。夸父虽是个失败的英雄，却表达了人们征服自然的渴望。

“精卫填海”的神话故事同样出自《山海经》，《山海经·北山经》记载，炎帝的小女儿叫女娃，在东海游玩时，溺水而死，化为精卫鸟，经常从西山上衔着木块、石头去填东海。海是不可能被这样填平的，但是精卫填海的故事却表达了人们征服自然的决心和毅力。

“愚公移山”的故事出自《列子·汤问》，说的是北山愚公年近九十，因为太行、王屋两座山挡住去路，决定铲平两山，将土石移到渤海之尾。愚公亲率儿孙开始行动，却遭到河曲智叟的讥笑，认为这样做太愚蠢了。愚公回答，只要子孙世代坚持下去，就一定能够成功。愚公的做法感动了上天，最后上天派两个大力神把山搬走了。愚公虽然最后靠天神完成了心愿，但是这个故事却表达了人类战胜自然的坚定信念。后来人们就用“愚公移山”形容有志者事竟成，人定胜天。

上面讲了几个关于人定胜天的神话故事。在中国思想史中，应该说在天人关系上主张“天人相分”的思想家并不占多数，认为人定胜天的就更是少有了。先秦时期的思想家荀子曾提出“制天命而用之”的命题，带有一点人胜天的倾向。唐代的刘禹锡提出“天人交相胜”，并认为天胜人是无意识的，是自然规律的体现，而人胜天具有自觉能动性，因此人胜天占据上风，“人诚务胜乎天者也”。刘禹锡认为“人不宰则归乎天也”，意思是说，人对自己的能力没有信心，没有把握，才会把自己交给自然，听凭摆布。明代的思想家吕坤对刘禹锡的思想进行了发挥，认为“人定真足胜天”，这里的“定”并不是“一定”的意思，而是对自己有把握、确定不移的意思。吕坤说：“人定真足胜天，今人但委于天，而不知人事之未定耳。夫冬气闭藏不能生物，而老圃能开冬花，结春实；物性愚蠢不解人事，而鸟师能使雀弈棋，蛙教书；况于能为之人事而可委之天乎！”（《呻吟语》）吕坤在这里举了几个人定胜天的例子：冬天万物肃杀，而温室中的植物却能开花，结出果实；动物不如人聪明，调教鸟的人却能使麻雀下棋、蛤蟆教书；等等。因此他认为，不能把人事交给上天安排，听天由命，而应该积极有为，充分发挥人的主观能动性，相信人定胜天。

近代思想家魏源也主张人定胜天，他说：“人定胜天，既可转富贵寿为贫贱夭，则贫贱夭亦可转为贵富寿。”（《默觚上》）这里的天，是指天命、命运。就是说，人既然可以把尊贵、富裕、长寿转为低贱、贫穷、短命，低贱、贫穷、短命也同样可以转变为尊贵、富裕、长寿。

近代西方先进的物质文明传入中国以后，使中国人看到了人对自然的主宰力量，坚定了人定胜天的信念。中华民国的缔造者孙中山先生曾经感慨地说：“至今科学昌明，始知人事可以胜天。”科学的发展使人类对于自然现象和规律的认识越来越深入，因此也增强了驾驭自然、为人类造福的信心。

法天而治

一　天子

“天子”是中国古代对君主的称谓，在君权神授思想流行的古代，人们认为君主是秉承上天的意志统治人民，因此称君主为“天子”。《礼记·曲礼下》曰：“君天下曰天子。”即君临天下的人称为“天子”。“天子”之名，在周代已经出现。《尚书·周书·洪范》说：“天子作民父母，以为天下王。”《诗经·大雅·常武》曰：“徐方既同，天子之功。”周人夺取天下后，将天下分封给同姓的宗族，周王朝的国君称为天子，分封的小国的国君称为诸侯。

东周时期，周王室衰微，诸侯争霸，政令往往出于诸侯霸主。秦统一中国后，秦王嬴政为宣扬自己的功德，改称国君为皇帝，自称始皇帝，就是秦始皇。秦始皇希望子孙后代有二世、三世，传之万世。但是与他希望的相反，由于秦施暴政，秦王朝仅仅存在了十五年。

汉王朝重新实现大一统后，刘邦接受儒生叔孙通的建议恢复朝制典礼，维护皇帝的尊严。经过精心准备，刘邦接受了群臣的朝拜，第一次体会到作为天子的至高无上的尊严，于是感叹说："吾乃今日知为皇帝之贵也。"汉王朝由此很倚重儒生恢复礼制，但是由于两汉时期关于儒家经典的学问——经学存在今文经学和古文经学之争，造成对《五经》解释的分歧，因此需要皇帝出面来统一经义。东汉章帝时曾召集官员、儒生在白虎观集中讨论《五经》的异同，并由章帝亲临裁决。这次讨论的结果由班固整理成为《白虎通义》，简称《白虎通》。《白虎通》卷一的开篇就是讨论"天子"称谓的"天子为爵称"章。该章说："天子者，爵称也。爵所以称天子何？王者父天母地，为天之子也。故《援神契》曰：'天覆地载，谓之天子，上法斗极。'"又说："帝王之德有优劣，所以俱称天子者何？以其俱命于天，而王治五千里内也。"大意是说，天子是一种爵位的称呼，为什么称为"天子"呢？因为帝王以天地为父母，以养百姓。所以《援神契》说：帝王在天的笼罩之下，在地的承载之上，以天地为父母，所以称为天子。天子效法北斗星，诸侯群臣像二十八宿围绕着北斗旋转一样听命于天子。有人不禁要问：帝王的德行有优劣，为什么都称为"天子"呢？这是因为他们都受有天命，统治整个王朝。由此可见，在当时认为，之所以称帝王为"天子"，是因为帝王生于天地之间，以天地为父母，承受天命，养育统治万民。

《白虎通》对"天子"做了很好的解释。在两汉对天子法天做出系统发挥的是董仲舒。董仲舒对帝王称为天子也做了解释，他说：受命为国君的人，是天命的赐予。之所以号称天子，是为了表明国君把天当作父亲一样看待，并且以孝道敬事天。（《深察名号》）又说：因为上天保佑国君并且把他当作儿子，因此号称天子。所以圣王产生，称为天子。（《三代改制质文》）董仲舒还说，德行像天地一样广大的人，上天保佑他，并且把他当作自己的儿子，因此称为天子。（《顺命》）董仲舒同样认为，帝王之所以称“天子”，是因为德配天地，受天命的保佑，承受天命统治人世。同时，他还认为，帝王应该把天当作父亲，像儿子孝敬父亲一样孝敬天。《郊语》说：所谓天子，就是天的儿子，如果我们从天的角度考虑，天何尝不想让他的儿子有做儿子的礼仪呢！现在如果作为儿子的天子不想祭天，天又何必给他们带来好处呢！董仲舒认为，帝王是天之子，就应该有作为儿子的礼节，这种礼仪主要体现在定期的一些祭祀奉享活动，此外，在采取重大举措之前，也要向上天祭祀祷告，请求上天的理解和庇佑。《郊祭》说：因此天子每到年初，一定先到京郊祭祀供奉上天，然后才敢祭地，这是行为子之礼；每到出师征战之前，一定要先郊祭向天祷告，然后才敢出兵征伐，这是作为儿子应该做的。

既然帝王是天之子，把天当作父亲来孝敬，就应该效法顺承天道。《春秋繁露·楚庄王》说：承受天命的君王，是上天意志的体现；侍奉父亲要遵承父亲的意志，侍奉君王要效法君王的志向，敬奉上天也应该如此。董仲舒将法天事天称之为“配天”。该篇又说：圣人效法天道，贤明的人效法圣人，这是最根本的道理。能够遵循这个根本的法则，则天下大治，否则天下大乱，这是治乱的根本区别。董仲舒将是否法天看作关系为政治乱的根本。因此他认为："夫王者不可以不知天。"（《春秋繁露·天地阴阳》）。

董仲舒对天子法天进行了详细的论证。董仲舒认为天志仁，天道义，因此人君应该效法天，实行仁义之政。他在《春秋繁露·天地阴阳》中说：天志仁，天道义，作为人君者，在处理生杀予夺这些大事时，要非常恰当适宜，就像四时一样；设置官吏，必定根据他们的德行能力，就像五行一样；喜好仁义厌恶贪戾，崇尚德治远离刑罚，就像阴阳一样；这样做就可以算作能够"配天"。又说：帝王效法天道，以爱护天下百姓，对天下有利为目的。帝王的喜怒哀乐，就像天的春夏秋冬。春夏秋冬四时正常，则收成好，否则收成坏。同样，如果帝王喜怒哀乐适宜，则天下大治，否则天下大乱。（《王道通三》）

在《春秋繁露·四时之副》中，董仲舒还将春夏秋冬四季与君主的庆贺、赏赐、惩罚、严刑四政相匹配，认为帝王应该效法四季的有秩序的变化，有根据地实行四政。董仲舒说：天之道，春天温暖，万物产生、复苏；夏天炎热，万物滋养生长；秋天清凉，万物肃杀；冬天寒冷，万物闭藏。四季的暖暑清寒，虽然特征不同，但是目的和功效却是一致的，这正是天形成一年的方式。圣人效法天在一年四季的表现，春天进行庆贺来与温暖相符相配；夏天进行赏赐来与炎热相符相配；秋天进行惩罚来与清肃相符相配；冬天执行严刑来与寒冷相符相配。庆赏罚刑，事情虽然不同，目的却是一致的，都是圣王成就德政的方式。庆赏罚刑，与春夏秋冬相对应，非常一致，因此说：王者配天。（《四时之副》）董仲舒认为，王者执行庆赏罚刑，就像春夏秋冬一样，是缺一不可的，同时它们各自有适当的执行条件，不能互相干扰、更换。

董仲舒在《天地之行》中进一步论述了人君为政应该如何效法天道。他首先讲述了天道是怎样的“尊”“仁”“神”“明”“相承”“刚”，然后论述人君应该如何在这些方面效法天道。他总结说，天执行稳定的天道，因此成为万物的主宰，人君效法天道，实行常道，才能成为一国之主。

正如董仲舒所说：“唯天子受于天，天下受命于天子。”（《为人者天》）“天子”这个名号，给了帝王天下至尊的地位，而天子法天而治，不仅是天子事天奉天的义务，也是帝王权力的体现。

为了证明帝王是真命天子，“受命于天”，关于帝王出生前或出生时的所谓祥瑞充斥于历代史书之中。如《史记·高祖本纪》说，汉高祖刘邦的母亲刘媪在大泽岸上休息时，梦中与神相遇，此时雷电交加，其父发现有蛟龙附在刘母身上。不久，刘母有了身孕，生下刘邦。《东观汉记》记载，东汉光武帝刘秀出生时，夜里有红光照耀，屋内通明。当年，附近有嘉禾产生，一根茎上长了九个穗，因此起名叫“秀”。《吴书》记载，三国时吴国君主孙权的母亲梦见太阳入怀而生孙权。徐爰著《宋书》记载南朝宋武帝在晚上出生时，有神异之光，室内很亮，当天夜里有甘露降下。另外，史书记载，宋太祖赵匡胤出生时，同样是红光充满室内。如此等等，不再赘述。

二 象天设都与法天置官

古代帝王作为统治人世的至高无上的主宰，为体现其权力受命于天，增加自身的威严和神秘色彩，对于都城的选址和都城的设计都是大有讲究的。

据商代卜辞记载，商人为了建立都城而一再向神卜问是否吉利。商人当时的都城并不固定，据《尚书·盘庚上》记载，自商代第一个国王商汤至盘庚，已经经历了五次迁都，盘庚迁都殷之后，商朝的都城才固定下来。

《白虎通义·京师》之《建国》章曰："王者京师必择土中何？所以均教道，平往来，使善易以闻，为恶易以闻，明当惧慎，损于善恶。"该章先问：帝王的都城一定要选在天下的中央，这是为什么呢？实际上是肯定在古代中国有将帝王都城建立于天下之中央的观念。该章接着回答说：这样做是为了便于政治教化的传达，使帝王容易了解周围发生的善恶之事，以便及时做出反应。该章还引《尚书》为证。两条引文分别出自《尚书·召诰》和《尚书·洛诰》。当年周武王灭商后，将象征天下、权力的传国之宝九鼎迁到洛邑，准备以之为都城。周武王的儿子周成王继承父志，先派召公前往相看地形，然后派周公修建都城。于是召公作《召诰》，周公作《洛诰》，都与建都洛邑有关。《尚书·召诰》说："成王现在来到洛邑，以之为都城，受天命治理天下，亲自实行教化于天下的中央。"《洛诰》记载，周公向成王汇报，占卜了多处候选地点，只有洛邑显示吉祥，成王对周公说："周公您不敢不敬承上天的美意，前往相看地形，在洛邑建立都城，来匹配上天的美意。”周王朝建都洛邑，主要是出于政治的考虑，为了便于统治，同时对殷人的移民进行监视和控制。具体都城的建造设计，由于史料缺乏，现在已经无从知道了。但是，从上述材料看，至少周王朝统治者认为，建都洛邑是秉承了天意的。

秦始皇统一中国后，为了显示自己的至尊权威和空前伟业，秦始皇对都城咸阳的建设也是费尽心机。据《三辅黄图·咸阳故城》记载，秦始皇命人建筑咸阳宫城，依傍山势建筑宫殿，大门四通八达，用来效法紫微宫，象征天帝的居所。又引渭水绕咸阳城，象征天河，并修建桥梁连接南部，效法天上的牵牛星。又将南信宫命名为极庙，象征天极。这些建筑的设计布局，好像把天宫搬到了人间，给人以威严和神秘感，身居其中的秦始皇也自然高不可及，神秘莫测。

有的学者指出：“天地相应，人神一体，这是我国古代神权统治思想的核心，也是城市建筑设计思想的根源。”[①]西汉都城长安的设计建造，继秦咸阳宫之后，再次证明了这种看法。

西汉都城长安整体呈北斗、南斗二星之象，其文化内涵主要在于：“一则，二斗呈拱卫北极之象，城中心为‘紫微帝宫’的象征意义，正与周秦以来的筑邑传统吻合。二则，汉人崇信‘斗为帝车。运于中央，临治四方’，筑长安为‘斗城’则自有中央居要、四方来效、斗车运转、海内艾安的象征意义。三则，斗乃

① 何汉南：《汉唐长安城建筑设计思想初探》，载《汉唐文史漫论》，陕西人民出版社，1986年版。

‘璇玑玉衡，以齐七政’的象征，筑斗城在于‘齐七政’，它意味着秩序，意味着稳定，象征国家体制完备，象征政通人和。因此，它是汉人政治理想的集中体现。”[①]此外，长安皇城内还修建明渠象征天上的银河，设十二个城门象征着十二个方位。

北京作为中国封建社会最后三个王朝——元、明、清三代的首都，经过历代统治者的修建完善，完美体现了“象天设都”的传统都城观念。整个古北京城以保和殿、中和殿、太和殿到前门为中轴线，建筑左右对称，太和殿又位于故宫的绝对中心。从总体上来看，北京在建筑布局上体现了二十八宿—紫微宫—北极帝星的中国古代天体模式，其中的含义是不言而喻的：正像二十八宿环绕着紫微宫一样，作为国家的中心，北京被四周的行省州府围绕护卫着；北京城之中，紫禁城又是其中心，太和殿是中心之中的中心，这样，就像北极星是紫微宫的中心一样，在太和殿举行登基大典和处理政事的皇帝自然成为中心的中心。这样的设计布置真可谓煞费苦心。

古代帝王不仅生前居处的都城、皇宫讲究效法天文，就是死后的寝陵的设计，也与天象有关。《史记·秦始皇本纪》记载，秦始皇生前征集天下民工 70 多万人在骊山修建陵墓，“以水银为百川江河大海，机相灌输，上具天文，下具地理”。

历代帝王都很重视身后之事，许多寝陵的设计建造，也是极尽机巧，穷极奢靡。明代十三个帝王的陵墓至今完好地保存在北

① 陈江风：《天文与人文——独异的华夏天文文化观念》，第 136 页，国际文化出版公司，1988 年版。

京的北郊，成为今人游览观光的地方。明代的开国皇帝明太祖朱元璋，因为在应天（即今天的南京）登基，死后皇陵——明孝陵也建在南京。据 1999 年 3 月 12 日《文汇报》报道，“文物专家经过研究发现，朱元璋的陵寝明孝陵布局与天象有关，整体呈北斗七星形”。专家贺云翱认为这是朱元璋出于对天象的崇仰，反映了他对身后之事追求一种“魂归北斗”“天人合一”的境界。

除了生前的居处和身后的归宿，帝王在设置官制时，也注意效法天道。《左传·昭公十七年》记载郯子为鲁昭公讲述上古官制。郯子介绍说，从前黄帝以云纪事，所以以云为官名；炎帝以火纪事，所以以火为官名；共工以水纪事，所以以水为官名；他的祖先少昊氏为王时，正好凤鸟降临，因此以鸟纪事，以鸟为官名，如凤鸟氏、玄鸟氏、青鸟氏等。郯子的这些说法，可能只是上古传说，但反映了上古时代，首领根据氏族、部落熟悉的自然之物来命名职官的做法。

作为儒家经典的《周礼》，记载了周代的官制设置情况和各职官的职责。《周礼》分为“天官冢宰”“地官司徒”“春官宗伯”“夏官司马”“秋官司寇”“冬官司空”六部分。其中“冬官司空”已经亡佚，仅存后人补记的“冬官考工记”。天官、地官、春官、夏官、秋官、冬官，合称六官，根据字面意思就可以知道，六官是根据天地四时设立的职官。东汉经学家郑玄对何以称天地四时六官做了解释，这里仅举其关于天官、地官的解释为证。关于“天官冢宰”，郑玄解释说：“象天所立之官，冢，大也，宰者，官也。天者，统理万物，天子立冢宰，使掌邦治，亦所以总御众官，使不失职。”天生万物，统摄万物，因此天子效法天设立冢宰一职，让他掌管国家总的治理，并统领众官，使他们各尽职守。对于“地官司徒”，郑玄解释说：“象地所立之官，司徒主众徒。地者，载养万物。天子立司徒，掌邦教，亦所以安抚万民。”大地承载养育万物，因此天子效法地设立司徒一职，让他掌管国家的教化，并且安抚百姓。同样，春夏秋冬四官，也是根据四季的特点设立的，大致是春夏庆赏、秋冬刑罚。

汉代的董仲舒处处将人事与天道联系起来，对于职官的设置，他也提供了天道的根据和解释。《春秋繁露》有一篇题为“官制象天”，专论帝王所定官制与天道的一致性。该篇曰：“吾闻圣王所取仪，金天之大经，三起而成，四转而终，官制亦然者，此其仪与！”其中“金”字，有学者认为当为“法”字之误。这句话意思是说，圣王为政，效法天道四时由三月而成、一年以四时而终的根本规律，在制定官制上也是这样。其后详细论述了官制象天的表现，更具体地发挥了“人副天数”的观念。

三　刑德与五行

“刑德”是德政和刑政的并称，帝王统治天下，就要恩威并重，既要实行德政，奖赏有功之臣，施恩天下百姓，又要厉行刑政，对违法者实行惩罚，警示天下人民。在中国古代的阴阳家思想中，把刑德与春夏秋冬联系起来，认为德政和刑政的实施并不是随意而为的，应该根据四时阴阳来安排。

《左传》里已经有“赏以春夏，刑以秋冬”的记载，较早系统提出这种理论的是《管子·四时》。该篇说：“是故阴阳者，天地之大理也；四时者，阴阳之大经也；刑德者，四时之合也。刑德合于时则生福，诡则生祸。”指出阴阳之理是刑德之施的根据，刑德符合四时的规定就会生福，否则就会生祸。《四时》曰：“阳为德，阴为刑”，因为阳气始于春，盛于夏，阴气始于秋，盛于冬，因此“德始于春，长于夏，刑始于秋，流于冬”，这就是阴阳家主张春夏实行德政、秋冬实行刑政的依据。《四时》还对春夏秋冬四季应做之事做了具体的规定，现以阳气盛的夏季和阴气盛的冬季为例。《四时》说，夏天“其德施舍修乐。其事：号令赏赐赋爵，受禄顺乡，谨修神祀，量功赏贤，以动阳气”。因为阳气主仁，所以夏季为政主要是赏赐爵位、官职，根据功劳来行赏，以辅助阳气。冬季则“其德淳越、温怒、周密。其事：号令修禁徙民，令静止，地乃不泄，断刑致罚，无赦有罪，以符阴气”。阴气主杀，因此在冬季要断案并实施惩罚，不赦免有罪之人，以此来符合阴气。同时，禁止百姓迁徙。《四时》还认为，按照这些规定来做就会四时有序、风调雨顺、国家昌明，否则，则四时失序，产生灾害。如春季，按照四时刑德的规定为政，就会和风细雨、百姓长寿、百虫繁盛，否则，实行冬政就会万物凋落，实行秋政就会降霜，实行夏政就会多欲。秋季行秋政，就能觉察所厌恶之方而讨伐之，一定会如愿以偿，因为诚信，一定能战胜敌人。《管子》之后，这种思想在《礼记·月令》、《吕氏春秋》十二纪、《淮南子·时则训》等书中得到丰富和发展，主要是将春夏秋冬每个季节又分为孟、仲、季三部分，一年共十二部分，实际上就是分为十二个月。同时，不仅说明每个月为政的要点，而且规定了天子告朔在明堂的位置、乘坐的车马、所用的旌旗、天子的服饰等，并且说明与之相应的五帝、五神、五音、五味等。

刑德思想在汉代又得到董仲舒等人的继承和发挥，今文经学家用“则天顺时”的思想解释天时与刑德之间的关系。他们认为春夏和秋冬分别属于阳和阴，春夏是阳气萌生、兴盛，万物萌发、成长的季节，与之相适应的为政之道就是施行德政；秋冬是阴气产生、鼎盛，万物成熟、凋落的季节，与之相应，为政应该执行刑罚，惩治奸邪。董仲舒认为：“阴阳，理人之法也。阴，刑气也；阳，德气也。阴始于秋，阳始于春。”（《春秋繁露·阳尊阴卑》）因此刑德一定要和阴阳天时相配合。董仲舒关于春夏秋冬与庆、赏、刑、罚相配的思想在本章第一节已经加以介绍，这里不再赘述。另外，《汉书·礼乐志》强调：为一国之君者想要有所作为，应该从天道寻求行为的根本，天道之中最重要的是阴阳，阳体现为德，阴体现为刑，天道使阳气在夏季处于极盛，以生长、养育、滋养万物为主，天道使阴气在冬季达到鼎盛，积累于空虚不用之处。由此可见，天道是主张多实行德政少实行刑政的。这种论述同样是以天道作为实行政令的依据。

汉代的法制根据这种思想展开了具体实践，并对后来封建王朝产生了重大影响。正如有的学者指出的：“汉代立春至秋分停止决囚、春季行赦、遇灾异行赦、秋冬行刑等遂成定制，并对后世产生了巨大的影响，如唐、宋律规定：从立春到秋分，除犯恶逆以及部曲、奴婢杀主之外，其他罪均不得奏决死刑，违者徒一年。明清的秋审、朝审、热审制度也受此影响。德刑时令说除了神化封建法制之外，也可以在一定程度上限制司法专横，客观上对中国古代的法制发展有一些积极作用。”①

将阴阳四时与五行结合，并不是《礼记》《吕氏春秋》等的发明，在《管子》中就已经存在了，只是前者更丰富精细而已。可以说，《管子》已经较早地将阴阳与五行结合起来了。

一般认为，《尚书·洪范》在中国古代文献中最早提出“五行”的概念。《洪范》对五行的论述主要是指出五行的具体所指，并讨论了它们的性能和味道：“五行：一曰水，二曰火，三曰木，四曰金，五曰土。水曰润下，火曰炎上，木曰曲直，金曰从革，土爰稼穑。润下作咸，炎上作苦，曲直作酸，从革作辛，稼穑作甘。”

《管子》的一些篇章不仅讨论了阴阳刑德问题，而且讨论了五行生克问题，并且表现出阴阳与五行的合流。在《管子》的作者看来，自然界的四时更替和人类社会的农业生产、政治教化等一方面是按照五行图式的安排来运作的，另一方面又是由阴阳二气消长的规律影响和决定的。《管子·五行》曰：“通乎阳气，所以事天也”，“通乎阴气，所以事地也”，“人与天调，然后天地之美生”。这是讲人事应该与天道协调，也就是符合阴阳之道。在《五行》中，作者将一年分为“甲子木行御”“丙子火行御”“戊子土行御”“庚子金行御”和“壬子水行御”五段，与四季略有不同，规定了每个时段应该实行的政事和不宜做的事，主要观点与《四时》篇大致相同。所不同的是，《五行》篇主要以五行为主体叙述为政应该做的事情和禁忌做的事情，而《四

① 于语和：《论汉代的经学与法律》，《南开学报（哲社版）》，1997 年第 4 期。

时》则主要以阴阳四时为主体叙述。两篇都表现出阴阳和五行的结合，只是着重点不同而已。

前文说过，《礼记·月令》、《吕氏春秋》十二纪、《淮南子·时则训》是对《管子·四时》的丰富和发展，在这些书中，五行观念仍然与阴阳四时结合起来，作为政事适宜和禁忌的根据。如《礼记·月令》载，在孟春，“先立春三日，大（太）史谒之天子曰：‘某日立春，盛德在木。’”这是说，春为木德，相应地，孟春“其日甲乙，其帝大皞，其神句芒，其虫鳞，其音角，律中大蔟”。“甲乙”为木日，“大皞”为木德之帝，“句芒”为木行之神，等等，都与木行有关。

五行说中对政治影响较大的还有“五德终始说”，此说为战国时期阴阳家邹衍首创，《史记·封禅书》记载：“自齐威宣时，驺（邹）子之徒，论著终始五德之运。”《汉书·艺文志》著录有《邹子终始五德》五十六篇。邹衍的著作已经散佚，有关“五德终始说”，我们可以从《吕氏春秋·应同》了解大致思想，该篇说：“凡帝王者之将兴也，天必先见祥乎下民。”该篇接着叙述了从黄帝到周文王出现的瑞兆，以及所属的五行之德，以及在色彩上的表现。黄帝的时候出现大螾大蝼，五行之中土德兴盛，所以崇尚黄色，做事随顺土德。大禹时出现草木在秋冬不凋零的现象，五行之中木德占先，所以崇尚青色，做事遵照木德。商汤的时候，出现金刀产生于水中的瑞征，五行之中金德为主，所以崇尚白色，做事服从金德。周文王的时候，有赤乌衔着丹书落到周社，五行之中火德获胜，所以崇尚红色，做事按照火德。该篇预言，将来代替火德的，一定是水德。上天一定先显现水气兴盛的征兆，崇尚黑色，做事按照水德。这是根据五行生克说，认为王朝的兴起一定先有瑞征，代表将来王朝所主之德，所主五行中某德，必定克前朝所主五行之德，如木克土、金克木。新王朝在主要的颜色和政事上都与所主五行之德相适应。

邹衍的“五德终始说”对后来的秦汉两朝都有很大的影响。《史记·封禅书》记载，到了秦始皇时，齐国人将此说上奏给秦始皇，并被采纳。《史记·封禅书》记载了秦奉水德所采取的措施：“于是秦更名河曰‘德水’，以冬十月为年首，色上黑，度以六为名，音上大吕，事统上法。”因为秦主水德，因此改黄河为“德水”，纪年以水日为年首，颜色主黑，度量以水数六为单位，音律主属于水的大吕，因为水属阴，阴主刑杀，所以秦政尚法，“刚毅戾深，事皆决于法，刻削毋仁恩和义”，以严刑苛法的暴政出名。

秦王朝由于实行暴政，成为短命王朝，很快被推翻了。“五德终始说”在整个汉代有过更改和反复。从汉高祖建立汉王朝一直到汉景帝，认为秦王朝暴虐短命，根本不配在五德终始中占据正统的地位，汉代才是承接周朝，因此汉王朝是水德。到了汉武帝时，才改为土德。王莽窃取汉王朝天下，建立新朝，实行新政，对汉王朝确立的五德终始体系同样进行了变更，认为土德已经衰落，当被火德代替。东汉光武帝刘秀推翻新莽政权，恢复刘姓天下，本来应该恢复汉代的土德，否定王莽在五德终始之传中的正统地位，但由于刘秀夺得天下，与谶纬有很大关系，其中《赤伏符》说，“刘秀发兵捕不道，四夷云集龙斗野，四七之际火为主”，如果再恢复土德，势必造成矛盾。同时，东汉王朝建都洛阳，实际上已经是一个新的王朝，于是刘秀改汉为火德，以此表明自己是受上天认可赞同的正统帝王，同时象征着汉王朝的天下如日中天，传之久远。

“五德终始说”虽然对于新王朝确立正统地位有一定的作用，但由于这种理论比较僵化，新王朝的统治者为了证明自己“受命于天”，往往煞费苦心，却仍给人牵强附会的感觉，因此，当这种理论依托的阴阳五行学说在汉代以后逐渐失势，这种理论本身也越来越不被重视，直至消亡。

四　祭天与封禅

祭祀是古代非常重要的礼仪活动，相传当年商代遗臣箕子为周武王讲述“洪范八政”，即为政的八个方面，第三方面就是“祀”。《左传・成公十三年》曰“国之大事，在祀与戎”，把祭祀与军事战争列为国家最重要的大事。

在祭祀礼仪中，祭天可以说是最重要的礼仪活动。因为祭祀上天在南郊举行，因此祭天又称为“郊”。在中国古代，祭天是帝王的特权，是权力和身份的象征，既表明其“真命天子”的身份，又具有作为人间至尊代表人间祭祀上天的意味，是君权神授观念的体现。正因为祭天对帝王来说非常重要，因此历代帝王对祭天的礼仪制度都很重视。

汉代的董仲舒为天子祭天做了新的解释。他认为，帝王既然是“天子”，就应该对上天行孝道，天子不祭祀事天，就像为人子不侍奉父亲一样，是大逆不道的。

祭天之礼，至晚在周代已经存在。由于受“天圆地方”观念的影响，早期的祭天仪式是在圆丘上举行的。周人用来祭祀的牲畜主要有牛、羊、猪、狗等，其中以牛为最珍贵。作为祭品的“牺牲”必须经过处理使其洁净。祭祀的当天早晨，周天子在参加祭祀的人员的簇拥下来到祭坛供奉的祭品、牌位前，这时乐舞齐作，周天子先是拜祭象征天的苍璧，然后实行柴祭，即将祭品放在圆形的祭坛上用柴焚烧，烟雾升天，表示将祭品和君主的虔敬传达给上天。

秦始皇统一天下，没有采用周代的祭礼，而是沿用了秦国的祭礼。汉高祖刘邦很重视祭祀，汉武帝好大喜功，祭天之礼非常烦琐。汉成帝以后，儒生们认为武帝的祭礼不符合周代古制，希望恢复古礼，并得到当时帝王的肯定。关于祭天礼仪的争执，也从一个方面表明了这种礼仪在当时的重要地位。汉代以后，历代皇帝都要举行祭天礼仪，只是举行的地点、具体制度上有所不同而已。明太祖朱元璋建都南京，在都城祭天于圜丘。明成祖迁都北京后，在南郊建立天地坛，一起祭祀天地。明嘉靖帝时，将南郊的天地坛改建为专门祭天的天坛，又在北郊设立地坛祭地，形成天地分祭的制度，这种制度一直延续到清代。天坛自嘉靖帝后成为明清两代帝王专门祭天和祈年的地方。天坛中有祈年殿、圜丘等建筑，都以圆形为特点，体现了“天圆地方”的观念。

封禅是封建帝王亲自到泰山祭祀天地的大礼，由于它是在泰山合祭天地，而且并不是每个帝王都可以举行的，因此与一般的祭祀天地不同，我们将之与祭天分开介绍。所谓“封”是指在泰山上筑土为坛以祭天；所谓“禅”，是指在泰山下的小山，如梁父、肃然、社首诸山开辟场地祭地。先秦时，人们认为天下有五大名山，称为五岳，其中东岳泰山最为高大，为五岳之首。古代有在高山上祭天的做法，认为离天越近，越便于将信息传达给天。泰山既然最高，离天也就最近，因而成为祭天的最佳场所。或许为了显示泰山封禅的重要性和神圣性，当时的人认为，并不是每位君主都有资格举行封禅大典，只有改朝换代、受天命统治天下，或者功德盖世、天下太平的君主才配享有封禅大典。因此《五经通义》说：天下易姓，新皇帝登基，天下太平，一定要到泰山、梁父举行封禅大典，这是为什么呢？因为上天让他为王，让他管理保护百姓，封禅是为了向上天报告太平，报答众神的帮助。这是说，只有政治清明、天下太平的君主才配举行祭祀大典。正是由于这种原因，先秦到泰山封禅的君王并不多。《史记·封禅书》说孔子认为，到泰山封禅的古代帝王有七十多个，所谓“易姓而王，封泰山禅乎梁父者七十余王矣”。又说：自古受天命的帝王，没有不封禅的。有没有符瑞而举行封禅的，没有已经出现符瑞而不封禅的。但是，有的帝王虽然号称承受天命，却没有什么功德，有的虽然论功德可以封禅却没有时间，因此到泰山封禅的帝王并不多。

据《史记·封禅书》记载，春秋五霸之首的齐桓公，在葵丘召开诸侯会盟大会，想举行封禅大典，管仲认为，从无怀氏、五帝到周成王举行封禅，都是因为受命于天。齐桓公认为自己“九合诸侯，一匡天下”，与三代帝王受命而王没有什么两样。管仲于是以实行封禅必先有嘉瑞，而当时“凤凰麒麟不来，嘉谷不生”，没有什么瑞兆为由，最后劝止了桓公。像齐桓公那样当时威震天下的人物尚且不能行封禅之礼，可见封禅的资格要求是很高的。《封禅书》还记载，春秋时鲁国的陪臣季氏曾到泰山祭天，因此遭到孔子的批评和嘲笑。

七十余王封禅之事，已经无从知晓。《史记·封禅书》实际所记，从秦始皇开始。秦始皇统一天下的第三年，东巡郡县，召集齐、鲁两地的儒生博士到泰山下，讨论封禅大事。由于儒生博士们意见分歧，秦始皇于是主要采用秦国原来在雍地祭祀天帝的办法，举行了封禅大典，并在泰山上刻石立碑，为自己歌功颂德。秦始皇上泰山时，中途遇上暴风雨，受到失意儒生的讥讽。秦短命而亡，秦始皇的封禅于是成为“无德而用事”的典型。

西汉的汉武帝与秦始皇一样好大喜功，好长生不老之术。史载武帝时汾阴一个巫师掘地发现一个鼎，非常大，没有铭文和落款。在运往长安的途中，又发生黄云降在鼎盖上的神异之事。神鼎出现是天下一统的标志，汉武帝于是改年号为“元鼎”。之后齐地的方士公孙卿又上“鼎书”，称黄帝在泰山封禅得遇神仙。一心想成仙的汉武帝在瑞应和成仙的诱惑下，决定到泰山封禅。根据《史记·封禅书》记载，汉武帝在泰山封禅的经过是这样的：首先到梁父行禅礼祭地，然后命令侍中、儒生射牛。在泰山下面东方建筑一个高九尺、宽一丈二的祭坛，下面埋有“玉牒书”，内容秘不示人。接着武帝举行祭天的封礼，基本上按照郊祠太一的仪式。祭天之礼结束后，武帝单独和侍中奉车都尉登泰山，再次举行祭天的封礼，这些过程内容都秘而不宣。第二天，又在泰山脚下东北的肃然山举行祭天仪式，礼节与祭祀后土相同。在这些祭祀活动中，武帝都穿着黄色的礼服，并且伴有音乐。用产于江淮间的“一茅三脊”草垫放神主，用五色土筑祭坛，同时在山上放有珍禽异兽和白雉。封禅成功后，汉武帝令人铸了一个大鼎，铭文曰：“登于泰山，万寿无疆，四海宁谧，神鼎流芳。”由此看来，汉武帝封禅，一是为了长生，一是为了使汉王朝天下太平，传之久远，再就是为了向天下后世宣扬自己的功业。

汉武帝之后，东汉光武帝为表明自己恢复汉代刘姓天下的功德，于公元56年亲自到泰山封禅，前后历时一个月。其后举行封禅的帝王有唐高宗李治、唐玄宗李隆基、宋真宗赵恒等。值得一提的是，唐高宗的皇后武则天，不仅促成高宗的封禅活动，而且在高宗死后，建立武周王朝，成为中国历史上唯一的女皇帝。武则天在即帝位的第六年，在中岳嵩山举行大规模的封禅活动，再次表明了她的特异之处。

从南宋至明代，统治者没有举行过封禅大典，主要是因为将封禅与郊祀之礼合为一体。此外，开国的君主往往面临百废待兴的局面，无暇搞封禅大典；后世子孙又觉得功德不如祖先，不敢造次，应该说也是一个原因。清代的乾隆曾经十一次到泰山举行祭祀活动，但这主要是他喜好游历天下个性的体现，宗教政治意味已经很淡了。

举行封禅大礼的历代君王中，并不是每个都是开国建业，或成就文治武功、造就太平盛世的。例如，唐高宗李治，政事往往交给皇后武则天处理，为后来武则天夺取李唐天下埋下祸患，实在算不上是英明之主。宋真宗统治时，在与辽国的战争中，北宋并没有取得什么大的胜利，“澶渊之盟”是在北宋获胜情形下订立的损害北宋利益的盟约。宋真宗既然不能威服四海，只好借神人天书来树立威望。他自称梦见神人托梦，说是将降下天书《大中祥符》三篇。后伪造天书，大意是赞美真宗能够振兴大宋天下，使之昌盛不衰。真宗因此改年号为“大中祥符”。既然有符瑞降临，实行封禅自然是理所当然的事了。于是经过全国各地瑞应不断出现之后，真宗终于完成了封禅大典。

历代帝王的封禅大典，主要是为了显示自己的赫赫功绩，表明天下太平，同时也借此表明自己的至高无上的权力和威严。这种封禅大典，耗费了大量的人力、物力，如果封禅者是像宋真宗那样好大喜功、没有自知之明的帝王，就会使本来就很积弱的国家变得更加衰落。

天意的把握

一　卜筮及其在商代之前的情况

“卜筮”是“卜”和“筮”两种占卜方式的合称。所谓“卜”是指一种通过钻灼龟甲兽骨而求得兆象以定吉凶的占卜方式，而“筮”则是指一种以蓍草为占卜工具，通过把蓍草按照一定的方式点数，分成几份（称为“揲数”），最后形成某卦来判断吉凶的占卜方式。“卜筮”是中国古代最重要的两类占卜活动，是古人认为动植物有灵，并以之沟通人神观念的体现。

《尚书·洪范》讲了治国的九个重要方面——“洪范九畴”，其重要内容之一为“稽疑”。《尚书·洪范》曰：“汝则有大疑……谋及卿士，谋及庶人，谋及卜筮。”这是讲遇到重大疑难问题时需要考虑士大夫、平民、卜筮三方面的因素。该篇还认为，在这三个因素中，卜筮这一因素最为重要，足见卜筮在当时的地位。

在中国古代许多典籍中，都强调了卜筮对于圣王天子的重要意义。从古人的相关论述来看，卜筮对于帝王来说，主要有三方面的作用：一是遇到重大决策时，可以解决疑难、犹豫，把决定权交给神灵，表明帝王并非独断专行；二是借卜筮所代表的神灵意志来加强统治，使百姓“信时日，敬鬼神，畏法令”；三是当帝王建立新的统治时，往往要借卜筮来表明“受命于天”。据《尚书·盘庚下》记载，盘庚迁都，很多人反对，说迁都将“震动万民”，盘庚则以卜筮所代表的天命为依据，说明自己迁都是因为卜呈吉兆，所以“非敢违卜”。《尚书·泰誓中》记载周武王伐纣，在做战前动员时，除引用历史上暴虐必亡天下的事例来说明伐纣必胜外，还告诉将士一个很鼓舞人心的吉兆：说自己做梦和占卜都很吉利，天示吉祥，因此讨伐商纣必获全胜。

卜筮经历了不同的发展阶段，因而其作用也不同。在最初“家为巫史”的情况下，卜筮完全是用来预卜未来和解决疑难。当卜筮为统治阶层所垄断时，它的作用主要表现在上面说的三个方面，这主要表现在商代、西周以至春秋、战国时期。汉代以后，卜法逐渐衰落，筮法虽在汉代兴盛过一时，之后也逐渐丧失其显赫地位，不再成为重大决策的依据，由统治阶层转向民间，成为知识分子和民众预卜个人命运的主要工具。

卜筮是中国先民利用动物或植物之灵沟通人神的一种手段，是预知把握天意的重要方式，因此值得进行探讨。我们先从商代之前的卜筮谈起。

《史记·太史公自序》说：“三王不同龟，四夷各异卜，然各以决吉凶。”认为夏、商、周三代都存在卜法，并且不同时代的卜法有所变化和发展。商代之前存在卜法的说法被后来的考古发现证实。早在1930年至1931年间，当时的中央研究院历史语言所考古组在山东省历城龙山镇城子崖遗址下层文化层获得卜骨六片，这是早于商代的卜骨的较早发现。之后，商以前的卜骨不断被发现，到20世纪末，出土地点已有近30处，遍及11个省，主要分布在东到沿海，西至四川、甘肃，南达长江下游，北到东北图们江流域的广大地区。这些卜骨表现出比较原始的状态，一般都留有烧灼痕迹，大都未经整治和钻凿，以牛、羊、猪骨为主。

《周礼·春官·大卜》记载大卜掌管三种易的筮法，“一曰《连山》，二曰《归藏》，三曰《周易》”。古人认为，夏、商、周三代都有筮法，《连山》《归藏》《周易》是分别记载三代筮法的经典。由于筮法的材料蓍草容易腐烂，不像卜法的材料卜骨那样容易保存下来，因此，人们一直对这种说法持怀疑态度。随着数字卦在商代及以后时代的发现，学者们认识到，商代确实有筮法存在，并且与周代的筮法不同，由此推测，所谓《连山》《归藏》，也许并不是子虚乌有。

有关骨卜起源的原因、时间及地域问题一直众说纷纭，这里只能借助出土卜骨，参考边远少数民族的有关习俗作一推测。

到目前为止，考古发现最早的卜骨是在甘肃武山县马力乡傅家门遗址发掘的属于马家窑文化石下岭类型的一组带有灼痕与阴刻符号的卜骨。这组卜骨的年代大约在公元前4000年前后。

那么，骨卜是怎样产生的呢？在没有确切的文献记载的情况下，只有根据出土材料和传统文献做一些推测了。有的学者推测，骨卜的产生，经历了由偶然产生的烧烤兽骨的原始前兆，到主动求“兆象”，有问题随时占卜的发展过程，应该说是很有道理的。[①]

笔者认为需要补充的是，为什么先民认为动物之骨才能够传达祖先或神灵的意志。笔者认为这也许与以这些动物祭祀神灵及祖先有关。从笔者了解的情况看，现在所用于占卜的动物肩胛骨，除占极少数的鹿骨外，主要是羊、猪、牛骨，而这三种动物恰好是古代祭祀所用的三牲。由此笔者推测，或许先民认为经过神灵祖先歆享的三牲能够传达他们的意旨。正如一位汉学家所分析的："在新石器时代，所用来占卜的兽骨包括猪、狗、牛、羊等，这些动物也是祭祀祖先的供品。可能是最初在供品烧烤时出现了偶然性的炸裂，于是人们自然地想到烧灼这些兽骨，并释读兽骨上的纹路。"[②]在生产力低下的远古时代，祭祀用过的带骨兽肉可能会被认为沾上神灵之气，大家一起分食，由此在烧烤的过程中产生的炸裂声和裂纹，逐渐被人们当作传达神灵、祖先旨意和预示吉凶祸福的根据。

龟甲是用来占卜的另外一种材料。商以前的卜龟发现仅有一例，即属于青莲岗文化的江苏省南京北阴阳营遗址。这也许说明，在商代以前龟卜并未像骨卜那样普遍流行，也不像商代那样占有重要地位，或许只是偶尔为之。

龟甲用于占卜，是中国先民龟灵崇拜的体现。我们的先民对神龟的崇拜由来已久，在河南省舞阳县贾湖村的距今7500—8500年的新石器时代遗址中，发现了祭祀、随葬用龟的现象，表明在

---

① 朱天顺：《中国古代宗教初探》，上海人民出版社，1982年版。
② 艾兰：《龟之谜》，汪涛译，四川人民出版社，1992年版。

当时已经有了对龟灵的崇拜。

《礼记·礼运》云："麟凤龟龙，谓之四灵。"其中只有龟是实际存在的，其他则是传说之物。那么，龟为什么受到人们的崇拜呢？《淮南子·说林训》说："必问吉凶于龟者，以其历岁久矣。"为什么要向龟询问吉凶呢？因为龟寿命长，经历的事情多，因此受到人们的崇拜，并用来占卜吉凶。

当时的卜法没有文献可查，因此，我们只能根据出土实物和今天西南少数民族中流传的羊骨卜这一活化石做些推测。汪宁生认为，"古代骨卜当还处于不加修治直接烧灼的阶段（特别是齐家文化卜骨）时，和西南这些少数民族现已保存的羊骨卜在很多方面都是一致的。"①

根据出土发掘报告，在商之前的卜骨一般不做加工或攻治十分简单，很少施有钻凿，而是直接用火烧灼。凉山彝族羊骨卜的占卜材料是有所选择的，作为卜骨来源的羊必须是被杀死或打死的，而不能是病死或者被野兽咬死。处理羊骨时，上面的肉要用刀刮或者手撕，不能用口啃咬。由此推测在商代之前的骨卜材料也应该是有所选择的，一般可能仍与祭祀有关。

综合有关学者关于西南少数民族占卜的材料，笔者推测商以前的卜法大致是这样的：

首先准备好占卜用骨，然后祈祷，与神约定吉凶所呈现的不同征兆。然后用火在骨的背面烧灼，使正面呈现兆纹，再用黑灰

① 汪宁生：《彝族和纳西族的羊骨卜》，见《文物与考古论集》，文物出版社，1986年版。

或其他方法使兆纹明显易辨。最后根据兆纹所示解释吉凶。

二 商代的卜筮

商代占卜甲骨的发现，从最初殷墟甲骨的发现开始，至今已经有一百余年的历史了。殷墟属商代晚期，后来考古发现又证明商代早期、中期也有使用甲骨占卜的习俗。有关殷人筮占的问题，虽然传统文献有“巫咸作筮”，也就是商代重臣巫咸发明筮法的说法，但却历来为学者们所怀疑，在许多人心目中，殷人只有甲骨占卜而无筮占。后来随着刻有“数字卦”的殷人甲骨和器物的不断发现，大多数学者才接受殷人已经有筮占的说法。笔者认为刻在甲骨和其他器物上的数字符号虽然在形式上与后来通行的《周易》六十四卦完全不同，但是其基本方法都是经过一定的揲数，形成某种卦象以定吉凶。另外据介绍，在从武丁到帝辛时的甲骨文中，有很多“巫”字，杨树达先生在《积微居金文说·史懋跋》中认为即是“筮”字，有的学者则考证甲骨文中的“爻”“教”“学”诸字都与筮法有关，这又从文字学方面提供了证明。因此，笔者赞同多数学者的意见，认为商代已有筮法。

从考古发掘材料来看，从商代早期到中期，在卜用甲骨材料、卜骨的攻治和钻凿形态上都有很大的变化，表现了商代龟骨卜的发展过程。到了以安阳殷墟为代表的商代晚期，卜用甲骨的处理已经非常精细规则。商代卜用骨的发现地域极广，除当时的中心河南以外，还有山东、河北、吉林、内蒙古、陕西、四川、湖北、安徽、江苏等省，而且除当时商都以外，许多地方都有龟甲出土，其中包括远离中原地区的四川成都和湖北沙市等地区，并且在形制、烧灼上表现出许多与商都相似的特点，可以证明当时的龟卜是由商的统治中心传向四周地区的。

由于蓍草容易腐烂，不像甲骨那样可以长期保存，所以有关商代筮占的考古发现主要是指出土的甲骨或器物上刻有的数字符号的“数字卦”。

商代是天命鬼神观念盛行的时代，从出土的甲骨卜辞来看，占卜涉及王室日常生活乃至国家大事的方方面面，主要包括以下几个方面：

祭祀：对祖先或自然神的祭祀求告等

天时：风、雨、啓、水以及天变等

年成：年成与农事等

征伐：与方国的战争、交涉等

王事：田猎、游止、疾病、生育等

旬夕：对今夕来旬的卜问等

卜辞所反映的占卜内容证明，当时的甲骨占卜不仅用来贞问祭祀、征伐、年成等国家大事，还用来占卜田猎、生育疾病等王室生活琐事，卜辞内容的广泛和卜用甲骨数量之大，表明在商代龟骨卜已经成为统治者生活中不可或缺的组成部分。

商代甲骨卜辞中有关自然神祇和祖先祭祀最多，证明商代祭祀的频繁和祭祀在商人生活中的重要地位。《左传·成公十三年》载：“国之大事在祀与戎。”祭祀和战争是一个国家最重要的大事。古人讲究“祭祀先卜”，在祭祀前一般都要占卜，卜辞中有关祭祀的占卜记载正说明了祭祀与占卜的关系。《春秋左传》中有很多卜郊祭的记载。商代先王宗庙是储存占卜材料和卜筮的场所。这些都从另一方面反映了卜筮和祭祀的密切联系。

对于常规祭祀，占卜主要用来决定祭祀的日期和应用的牺牲。此外，当统治者遇到灾难变异时，也要占卜，确定是哪位祖先或神灵因不受歆享而发怒，然后向这位祖先或神灵献祭，以求免除灾害或病患，这在古代称为“祠禳”。而由于神灵或祖先震怒而降的灾害则称为“祟”。

确定了应该祭祀某个祖先神灵，要祠禳时，仍需要占卜，决定该使用何种方式，献祭何种祭品。这种祭必先卜、卜祭相袭的习俗反映了占卜和祭祀的密切联系。

从占卜与祭祀的关系上，可以看出商人已经由纯粹的向神祈问，把一切问题的答案都交给神来操纵，转向提出问题由神来选择的试图部分操纵占卜结果的占卜形式。商人甲骨钻凿形态的规整和对卜兆方向的控制也许正表明了这一倾向。

关于商代卜法，首先是占卜前的准备工作。商之前出土的甲骨多未经加工，直接用火烧灼甲骨来取得兆纹。到了商代，在占卜前一般要对龟甲和兽骨进行整治加工，并钻凿出凹穴，一方面是为了便于出现兆纹，一方面似乎也是为了控制兆纹的方向。同时，商代使用龟甲已经非常普遍，以至于很难说龟甲和牛肩胛骨在当时占卜中何者更为重要。

甲骨经过攻治钻凿之后，一般由专门的官员管理。曾有考古发现表明，有殷人和卜用材料埋在一起的现象，或许死者生前是管理这些材料的官员。

商代人需要占卜时，首先是向甲骨提出自己所需解答的疑难问题，祈求神灵通过兆纹给予指点帮助。也许在贞问之前，尚有一定的仪式，并献上祭品等，以示对神灵和甲骨的尊敬。

贞问之后，便取来准备好的甲骨用火烧灼，以求显示兆纹。不久，甲骨发出“卜”的炸裂声，并出现像“卜”形的兆纹，因此“卜”字既象其声又象其形。

呈兆之后，卜师们根据兆纹判断吉凶，并将卜辞契刻于甲骨上，一般还要将事后应验与否的结果补记上去。

关于商代的卜法，有两个问题值得介绍，其一是“对贞”，其一是“习卜”。

我们知道，商人贞卜的时候，往往从正反两个方面卜问，所以语气上有肯定和否定两种。这就是“对贞”。商人甲骨钻凿的对称排列是他们占卜时采用对贞方式的结果。至于商人如何从卜兆上判断神灵的启示是肯定还是否定，在今天已经很难了解了。

“习卜”在商代卜法中也是一个很重要的问题，自20世纪30年代至今，已有十几位学者讨论过这一问题。综合各位学者的意见，结合从商代到战国的三卜制，以及这一时期的习卜事例，笔者认为，“习卜”当指在同一天内在三块甲骨由三人占卜一轮之后，仍不能得到满意的答案，在紧迫的情况下，对上一轮三人或其中一人贞问的事情进行重复占卜。习卜和一般的重复占卜不同，它当是一种特殊的重复占卜形式。

对于商代有筮法的认识，也是现代考古学的一大贡献。随着数字卦的破译和出土材料的增多，一些学者开始对此问题进行探讨，基本上承认商代已有筮法。有的学者指出，现在发现的商代数字卦可能与传统文献中提到的记载商代筮法的书《归藏》有关。《易·系辞·大衍之数》记载的揲蓍之法，许多学者认为非古法。从出土甲骨、器物上的数字卦来看，有三个数字和六个数字组成的易卦，其方法大致也应是以蓍草按一定规则揲数而得出数组成数字卦。

前文说过，筮法是用蓍草作为工具的。在众多“干草枯骨”中为什么单单以蓍草和龟为占卜物呢？古人认为用蓍草和龟占卜的原因是它们都有很长的寿命，经历了很多之后，便对未来有一定的预见性，就像人们常常向老人求教是因为其经验丰富一样。

关于蓍，《说文解字·艸部》释“蓍”曰：“‘蓍’，蒿属。生千岁，三百茎。《易》以为数。”说蓍“生三千岁”，恐怕是一种夸张。不过，蓍草确有不同于一般草之处，那就是一般的草多为一年生，而蓍草却是多年生的直立草本植物。蓍草可以用药，祛除疾病，并且有香味，茎秆挺直，结实而轻，便于揲数，加上它寿命较长，古人以为能通神灵、知吉凶，故以之为卜筮之具。

我们知道，神龟之所以被用来作为占卜之物，与古人因为其长寿而加以崇拜的龟灵观念有很大关系。根据有关学者的研究，商代占卜所用龟很多不是商都城周围所产，而是从很远的南方进贡来的。那么，商王朝如此不惜代价使用龟占卜，是不是还有什么别的因素呢？笔者认为还有一个重要的原因是神龟的形象与古人心目中宇宙有相似之处。龟背甲的隆起圆形、腹甲的平整略方，与古人的“天圆地方”观念比较一致。艾兰女士认为：“龟有圆圆的穹形的背甲和宽平的腹甲，这与古代中国人认为天是圆穹拱形的，地是平的这个想法有所联系。”[①]在殷墟发现了一个奇异的龟甲，在四条腿上各刻有一行六个数字，都是由内向外写，突出四维的地位，类似式盘。因为式盘的基本模式是模仿天圆地方的，因此笔者推测龟被用来占卜与它的外形有天地之象有一定的关系。

三　西周时期的卜筮

在先秦文献中有关西周卜筮的记载并不少见，这些记载主要集中在《诗经》和《尚书》中。

《诗·大雅·绵》：“古公亶父，来朝走马。率西水浒，至于岐下。……周原膴膴，堇荼如饴，爰始爰谋，爰契我龟，曰止曰时，筑室于兹。”有学者认为《诗经》这段古公卜居岐山的传说，是文献中所见的周人使用龟卜的最早记载。这说明远在周王朝建立前的古公之时，周人就已经学会使用龟卜了。

《诗·大雅·文王有声》：“考卜维王，宅是镐京，维龟正之，武王成之。”这是说周武王卜居镐京，得到吉兆。

《尚书·周书·金縢》则记载了周公为武王卜病的故事。有关记载很多，不再多引。

有关西周卜筮的考古发现，对传统文献的记载起到印证和补充的作用。根据现有材料，最早发现的一片西周卜骨，是1951年在陕西彬县获得的。此外发现西周甲骨的地区还有：洛阳及周围

---

① 艾兰著，汪涛译：《龟之谜》，四川人民出版社，1992年版。

地区，陕西长安丰镐遗址，北京昌平白浮和陕西岐山、扶风间的周原遗址。其中周原发现的甲骨最多，卜辞内容丰富，引起学术界的普遍重视。

关于周人筮法的出土材料要比商人多，主要是甲骨和器物上的数字易卦。最早的周人的数字卦，当属发现于宋代的“安州六器”之一的中方鼎，所铸文字末有两个数字卦。

下面我们分别介绍西周时期卜法和筮法的大致情况，以及卜筮在当时的地位和影响。

甲骨占卜是周人重要的占卜形式之一，周人卜法固然有与殷人相联系的地方，但也有其自己的特色。例如，周人的甲骨刻辞极少，据介绍，在岐山凤雏第一次发现的一万一千片卜骨中，有字的只有二百多片，比例很小。《周礼·春官》说：“凡卜筮，既事，则系币以比其命。”是说占卜的结果要记录在简册上，这也许是周代更为普遍的记录占卜结果的方式。

周人占卜在取材方面兼用龟甲和兽骨，这和殷墟甲骨的情形基本上是一致的。但是在甲骨的攻治钻凿上，西周与商代有比较明显的区别。

周人的卜辞在体例上也不像殷墟卜辞由叙辞到命辞、占辞、验辞那样完整，比较简短扼要，多数只有贞辞，有不少没有验辞。

虽然商周甲骨有不同特点，但“周因于殷礼”，西周甲骨不少方面与殷墟甲骨是一脉相承的，只是由于族别和时代的不同，才形成了自己的独特风格。西周甲骨在出土情况、钻凿形态、文字的辞例、甲骨分埋等方面与殷商甲骨也有很多相似之处，特别值得注意的是，西周甲骨独特的钻凿形态，似乎在殷墟甲骨第一期武丁时代即可找到最初的样子。

总之，可以说西周甲骨既有其民族时代特色，又有与殷墟甲骨一脉相承的方面。

分析周原甲骨可以看出，周人占卜可分为卜祭、卜告、卜年、卜出入、卜田猎、地名、人名、官名、月象、杂卜等十类。

《周礼·春官》："太卜掌三兆之法，一曰玉兆，二曰瓦兆，三曰原兆。其经兆之体，皆百有二十，其颂皆千有二百。"说周人沿用前人的三种卜法。《春官》又说："以邦事作龟之八命，一曰征，二曰象，三曰与，四曰谋，五曰果，六曰至，七曰雨，八曰瘳。"这是说国家有八方面的大事需要经过占卜决定。

据《周礼·春官》，西周有庞大的占卜机构和细致的占卜分工。并且根据事情的重要与否，决定参加的占卜官员的等级以及采取的礼仪的轻重。有掌管开兆的卜师；有掌管各类龟的喂养、杀龟取甲、收藏和提供龟甲的龟人；有负责提供火源，并协助卜师占卜的菙氏；有负责占龟的占人。此外，国王、士大夫、太史也参与占卜活动。

周人占卜的过程，大致也是平时准备好占卜用的甲骨，占卜时先向神灵询问，然后用火烧灼凹穴处，使之产生兆纹，然后根据兆纹判断吉凶。周人卜筮之后要对占卜的结果进行记录，到年终考察所占断是否灵验。

前文提到，在周人的甲骨及青铜器上也发现了刻有六位或三位数字的易卦，这表明周人所用的九六之数和阴阳爻组成的易卦是由数字易卦演化而来。数字卦如何演变为阴阳爻的易卦，现在还很难说清楚，从传统文献来看，最早出现易卦的是《左传》，或许可以推知阴阳爻表示的易卦在此之前已出现。

谈到西周的筮法和易卦，就不能不提到《周易》，《周易》一书的性质，笔者认为当是在前人长期易筮记录基础上整理、编纂而成，是专门用来检验易筮吉凶的范本。而该书的作者，历来都存在争论，结合传统文献和新出土的文献材料，我们可以大致确认，周文王、周公与《周易》都有密切的关系，并且极可能是卦爻辞的编订加工者。

周王朝的建立，一方面继承了殷人的制度、文化，并有所损益，正如《论语》所说："周因于殷礼，所损益可知也。"另一方面，许多学者认为周人经历了重大的历史变革之后，在社会制度及思想方面都有很多显著的变化，突出的一点便是对天命鬼神观念的淡化和对人世伦理与敬德保民思想的重视。《礼记·表记》记载了孔子对三代文化的比较。关于殷周对鬼神和礼仪的态度，孔子认为，殷人尊崇鬼神，从国王到平民百姓都敬事鬼神，在对鬼神和礼仪的重视程度上是先鬼神后神灵。到了周人则发生了很大的不同，他们非常重视礼仪，对待鬼神采取敬而远之的态度。由此可见，到了周王朝时，对鬼神的尊崇祭祀已经逐渐淡化，而对整治人伦秩序的礼仪越来越强调和重视。孔子曾感慨："郁郁乎文哉，吾从周。"他对周礼的肯定和对周公的崇拜也正在于周礼对人间伦理的强调，而周公正是传说中周代礼乐的制作者。

《礼记·祭统》说："凡治人之道，莫急于礼。礼有五经，莫重于祭。"祭祀在礼之中是最重要的，可见周人与殷人同样重视祭祀。但不同的是，周人举行祭祀不再是以向鬼神祈求益福禳灾为重点，而是更多地希望通过祭祀来明确和维护君臣、父子、贵贱、亲疏、夫妇等人间伦理和秩序。

与祭祀相同，卜筮，在礼乐文化居主导地位的西周，也处于从属地位。这是因为，卜筮是祭祀的一项重要内容。如《周礼·春官》说，龟人“若有祭祀，则奉龟以往”。即是说有祭祀则须占卜。随着祭祀重心由鬼神到人事的转变，卜筮作为沟通人神的手段必然受到冷落，而越来越转向礼仪方面。当然这并不是说西周统治者就完全不相信卜筮，前文已经说明，周人在遇到重大决策时，仍需求助于卜筮以决疑，但是周人越来越注重卜筮的仪式，而把其沟通人神的作用放在其次了。荀子说卜筮之事“君子以为文，而百姓以为神”，这虽不能完全代表西周时期统治者对卜筮的看法，但这种倾向在西周已露端倪。我们知道，周人在祭祀等重大活动之前都须卜筮以定吉凶，但慢慢地这种卜筮变成祭祀等活动礼节仪式的一部分，而其向鬼神求福的初衷则有些淡化了。《周礼·春官》除了记载各卜筮之官职掌的规定，还有对具体卜筮仪式的描述，这表明周人已将卜筮纳入整个礼乐文化体系之中。而卜筮也由在殷商时期无事不卜的中心主导地位，慢慢成为西周的一种礼乐文饰，退居到政治生活的从属地位。

四　春秋战国及以后的卜筮

春秋战国时期是“礼坏乐崩”、战争频繁的动荡时期，周王只是名义上的天子，实际上政治已被各诸侯霸主所主宰。这一时期“王官失守”，周王朝的卜筮之官也有从王朝流向诸侯国的现象。随着礼乐制度的破坏，卜筮制度也必然产生一些变化。周礼对尊卑贵贱不同者进行卜筮的等级规定，必然随着诸侯在政治上的僭越而有所变革。

龟卜是天命神意的象征，所以最初它一直被王室垄断，成为大事决疑和统一意志的工具。西周时期，龟卜主要为王室所控制、使用，诸侯中使用龟卜的极为少见。春秋时期，上至周王室，下至鲁、晋、楚、卫、郑、齐、陈、秦、郳、蔡、吴、随、滕、宋等大小诸侯国都使用龟卜，诸侯国没有大小之分，在地域上从中原地区远及边裔，突出地反映了春秋时期龟卜大普及的时代特征。

从《周礼·春官》“筮人掌三易”“凡国之大事先筮而后卜”的记载，我们知道，筮法对于周王室也具有十分重大的意义，周王朝有专掌蓍筮的官员，为重大决策提供参考。《左传·庄公二十二年》记载周太史携《周易》往陈国，陈侯请其为之占卜，可见当时《周易》只为周王室和少数诸侯所用，只是到了后来才得以广泛传播。据《左传》《国语》，当时使用《周易》筮法的主要是北方诸侯国，而楚、吴、越等南方诸侯尚无用《周易》占筮的记载。从已发现的战国楚地卜筮类竹简来看，当时楚国等南方诸侯国流行着与《周易》不同的以数字示卦的筮法。

关于春秋时期卜筮情况的出土材料极少，这里主要根据《左传》《国语》中的有关记载加以介绍。

春秋时期的卜法主要以龟卜为主。占卜的内容大致有战争、任命大小官员、立太子、营建都邑宅、生育、疾病、婚、郊祭、雨、梦等。这些内容基本上未出前代的范围，但也有其时代特色，如卜战争最多，这与当时战争频仍有关，而对立太子的重视，则是由于当时礼制废弛，废长立幼之事经常发生。

值得注意的是，《左传》《国语》都记载了一些卜兆名称和作为判断吉凶根据或参考的龟卜繇辞，由此可以推断当时的占卜应已有具体的占卜之书，有具体的兆象之名和与之对应的繇辞，但似乎各国所用占卜之书并不完全一致。

至于具体的卜法，从当时诸子的有关论述来看，与商代大致相同。如《荀子·王制》说："钻龟陈卦，主攘择五卜，知其吉凶妖祥，伛巫跛击之事也（击读为觋）。"《韩非子·饰邪》说："凿龟数策，兆曰'大吉'，而以攻燕者，赵也。"《庄子·外物》说："卜之，曰'杀龟以卜，吉'。乃刳龟以卜，七十二钻而无遗策。"表明当时龟卜仍是以钻凿烧灼为具体方法。其中值得我们注意的是，《荀子》《韩非子》所述表明，当时卜和筮仍是两种很重要的占卜形式。

除有关龟卜情况外，《左传》《国语》还有反映筮占情况的记载。《左传》《国语》所记筮事，大致有"遇某卦""遇某卦之某卦""遇卦之八"三种情况。

从《左传》《国语》所记之筮事，我们还可以对当时的筮占制度有所了解：

其一，当时虽"礼坏乐崩"，筮占普及，具体的某卦可由诸侯王、大臣等亲自筮得，但对于所得卦象所示吉凶的解释，仍须由各诸侯国的卜史进行。这表明在当时像《周易》之类的筮书，虽然已由周王室流传到各诸侯国，但并不是人人可以据以判断吉凶。这或许是由于此事并不简单，而且历来有卜史掌卜筮的传统，故仍由他们来完成。这也从一方面表明，当时的卜史之官虽地位没有以前各代重要，但在为诸侯大臣决疑断吉凶上仍有十分重要的作用。

其二，正如龟骨卜在具体进行之前要进行一番祷告，并提出想要问的问题一样，春秋时的筮占也要在揲蓍之前，提出想要了解的事，请神明赐示吉凶。大致与卜辞中的贞辞相似。

其三，当时存在着卜筮并用的情况。《周礼·春官·筮人》说："凡国之大事，先筮而后卜。"但《左传》《国语》中的记载很多是先卜后筮。孔颖达在《礼记·曲礼上》疏中说："春秋乱世，皆先卜后筮，不能如礼。"说春秋是战乱之世，不根据礼制规定行事，还是有一定道理的。

有关战国时期的卜筮情况，传统文献很少有记载。新中国成立后战国占卜类楚简的不断发现，为我们了解这一问题提供了很好的材料。这些材料比较集中的有三处，即湖北江陵望山桥一号楚墓、江陵天星观楚墓、荆门包山二号楚墓。

从卜筮内容来看，三处都以"出入侍王"和贞问疾病吉凶为主。前者是因为墓主都是楚国官员，甚至官居要职，因此非常关心自己的仕途。后者则可以说是当时世风的一种反映。《吕氏春秋·尽数》说："今世上卜筮祷祠，故疾病愈来。"说明了当时人遇上疾病多采取卜筮祷祠的方式以图消除疾病。

根据包山二号楚墓和天星观一号楚墓竹简记录，为两个墓主占卜的贞人都有十余人，可以推测，他们大概是职业化了的贞人。这些职业化的贞人不仅为身份和地位都很高的贵族占卜，而且也为社会地位较低的人占卜。职业化贞人的出现和增多，表明卜筮的进一步普及流行。这些贞人上为达官贵人排忧解难，下为一般平民百姓卜问吉凶，成为当时很多人的精神依托。

从一次占卜由多个贞人使用不同占卜工具的情况来看，当时的卜筮有不同的占卜方法，似乎要比三代卜筮之法丰富，表现出卜筮发展演变的一面。

天星观和包山楚墓竹简的筮占结果都以成对的六位数字卦组的形式出现。我们知道在《左传》中已开始用阴阳爻表示卦象，如果说阴阳爻示卦是数字卦的发展的话，那么楚国当时或许沿用了较古的记录卦象方法。

在讨论战国时期卜筮时，我们不能不讨论先秦诸子对卜筮的看法。先秦诸子虽有着不同的政治主张和人生理想，但也有一些共同的趋向，这就是越来越忽略或轻视鬼神，而有越来越强的人文主义色彩。因此，诸子对卜筮或者给予人文主义的解释，或者直接予以否定。

荀子说卜筮之事："君子以为文，而百姓以为神。"认为在重大决策之前进行卜筮并非是为了求得决策结果，而是一种表示庄重的文饰礼仪。荀子还认为，"善为易者不占"。他引用《周易》主要是用以论证自己的观点和阐发其中的义理。

韩非子受学于荀子，受到儒家人文主义占筮观的影响，他处处以"富国强兵"为唯一是非标准的极其功利化的思想也使他能够看到迷信卜筮所带来的危害。在他看来，迷信卜筮，把胜败吉凶决定权交给龟策是非常愚蠢的。在《亡征》篇中，韩非子把"信卜筮"作为亡国之征之一。在韩非子看来，"明法亲君"是治国之要，而迷信卜筮只会导致失败乃至亡国的命运。

《吕氏春秋》的一些篇章也表示出对卜筮的怀疑乃至否定。

《尽数》篇说："今世上卜筮祷祠，故疾病愈来。譬之若射者射而不中，反修于招，何益于中？"这里批评了当时那些不知养生之道，病至则求诸卜筮祷祠的迷信做法，认为这样做就像射箭射不中而修正靶子一样不明智。

我们知道，卜筮在商代和西周都是极其重要的占卜形式，在《周礼·春官》中与卜筮并提的只有占梦，但其重要性是不能和卜筮相比的。

前面提到，在春秋时期卜筮已经是大流行，从王室及重要诸侯的独占变为诸侯大夫乃至家臣都可为之。随着卜筮的流行，其神秘性已逐渐化解，并且由于一些掌管卜筮者的失宠甚至沦为平民，卜筮在这一时期开始流入民间是极为可能的。

战国时期关于卜筮的具体记载甚少，从已发表的战国楚地占卜简来说，主要是占问疾病，上文所引《吕氏春秋·尽数》所说"卜筮祷祠"，也是针对疾病的。不过仅从这些极少的事例很难推测出当时卜筮已沦为不甚重要的地位，只限于疾病等日常生活小事的占问上。在春秋战国时期，由于天文学的发达，星占也成为一种比较重要的占卜形式，观天象以言吉凶似乎比卜筮更直接，而且这种技术在当时并非人人都可为的，因此有一定的神秘色彩。《左传》中据天象预言人事的事例很多，如当时鲁国的慎梓、郑国的裨灶、晋国的卜偃都曾据天象做过很"灵验"的预测。由于星相学及日月星历的流行，卜筮必然受到冲击，战国至秦汉时期出土的大量日书以及汉代天人感应、阴阳灾异学说的盛行也说明了这一点。

秦代焚书，卜筮之书未在其列，因而得以保存。卜法方面，据《汉书·艺文志》术数略之（四）蓍龟类，当时存有《龟书》《夏龟》《南龟书》《巨龟》《杂龟》等多种。汉武帝迷信鬼神，“初置太卜”，褚少孙补司马迁《史记·龟策列传》需要“之大卜官，问掌故文学长老习事者，写取龟策卜事”，足见当时卜法只有太卜之官懂得，在民间似乎并不易得。至《隋书·经籍志》只列有《龟经》《史苏沉思经》《龟卜五兆动摇决》等，表明卜法的逐渐没落。

相比之下，筮法在后世有很大的发展和丰富。汉代象数易学发达，如《汉书·儒林传》中记载的孟喜、梁丘贺、焦赣、京房等，以卦气说解易，讲阴阳灾异，主要还是把《周易》当作卜筮之书看待。后世对《周易》揲蓍筮法进行改造，流行最广、影响最大的筮法是“火珠林”，又称“纳甲占法”。这种方法相传为西汉易学家京房所创，把六十四卦每一爻配以天干地支，把六十四卦分为乾、震、坎、艮、坤、离、巽、兑八宫，并为每宫每卦确定五行属性，规定世应。这是把易占古法阴阳学说和五行、干支等数术结合起来，丰富和扩展了易占的内容。火珠林法改变了筮占工具，以钱代蓍，使筮法简便易行。唐代贾公彦《士冠礼疏》中已有以铜钱占卦方法的记录，清人钱大昕认为贾疏本源于北齐黄庆、李孟悊二家，因此可以说，至少在北齐、隋唐时，已用钱代蓍。《朱子语类》（第六十六卷）说，“今人以三钱当揲蓍”，表明此种方法在宋代已很流行了。

此外，影响比较大的与易占有关的，有假托宋代易学家邵雍以五行生克占断吉凶的“梅花易数”和刻写易卦和占辞于竹签以求吉问卜的签占。

虽然经王弼“扫象阐理”之后，以义理解易成为后来文人的主流，但他们对于筮法并未完全摒弃。他们或以之为谋生手段，或为人占问吉凶，或自筮吉凶，或向卖卜人求签问卜。据《史记·日者列传》，汉代时都城长安已有卜肆，司马季主是当时著名的“日者”。汉代著名的隐士严君平为生计而卖卜于成都的集市，他每天给几个人算卦，得到足够钱后，就闭门讲读《老子》，著书十余万言。

三国魏时的管辂以占筮灵验著称于世。据《三国志·方伎传》记载，管辂有一次拜访魏郡太守钟毓，和他一起讨论《周易》，管辂说自己可以占筮钟毓的生死之日，钟毓请他占筮自己的生日，结果一点也不差，钟毓大为惊讶，不敢让他再占死日，说：“您太可怕了。死的日子是由上天安排的，就不请您再占断了。”又载，清河令徐季龙派人去打猎，请管辂占筮一下会猎捕到什么猎物。管辂推演了一番，说：“会获得一个小野兽，但又不是食禽；虽然有爪牙，但又太小，不够强壮；虽然皮毛有纹理，但又不明显；不是老虎，不是野雉，应当是狸。”傍晚猎人回来，果然如管辂所占，捕猎到的正是狸。

晋代著名文学家郭璞也以占筮灵验而闻名。《晋书·郭璞传》称郭璞师从精于卜筮的河东郭公，郭公授之《青囊中书》，郭璞于是通晓五行、天文、卜筮之术，消灾去祸，即使是汉代易学家京房、三国的管辂都不能超过他。据该传载，郭璞的母亲去世，他专门占卦求得墓葬之地，离水只有一百多步远，别人以为离水太近，他说：“水很快就会成为陆地。”后来果然由于沙地升高，墓地周围几十里都成为桑田。

此外，北宋文豪苏轼也嗜好易筮。文人名士与筮法有关的事例不可胜数，其占筮之灵验虽然未必全信，但这些事例表明筮法不仅是古代下层人民预知未来、解决疑难的支柱，而且在精英知识分子阶层中也有着十分深远的影响。

五　星占对封建政治的影响

星占起源于远古的星神崇拜。先民认为日月星辰是天上的神灵，日食、月食、彗星等天象的出现是神灵意志的表现，据此可以预测人事的吉凶祸福。

远古时代先民对于日月星辰等天文现象无法解释，认为它们是遥远天国中神秘的神灵，对于它们的变化更是充满畏惧。古代传说中的有些部落首领或帝王，如炎帝、号为高阳帝的颛顼、太昊、少昊等，从名字上看，都与太阳有关，表明了先民对太阳神的崇拜。司马贞在《史记·历书》索隐中称，《系（世）本》和《律历志》记载，黄帝派六位大臣分别观测日月星辰和制作音律、甲子、算数等，容成综合这六个方面制作了名为《调历》的历法。其中所说的“占日”“占月”“占星气”，主要不是指星占，而是指对日月星辰的观察。笔者推测，最初的对日月星辰的观察，主要是计算时日、制作历法的需要。随着某些星相和人事的偶然联系，比如彗星出现，随后某位重要人物死去，人们开始相信星相的变化是上天神灵喜怒的表现，决定着某个民族、国家和个人的命运，于是开始了主动观测天文现象来预测人事吉凶的活动。可以说，星占也是一种天人感应观念的表现。

星占活动出现后，逐渐出现了为统治者服务的星占之官。据《史记》记载，这种官职在夏代已经出现。在远古时代，沟通神人、预知神意、占断吉凶祸福的能力为巫所垄断。在巫沟通神人的手段中，卜筮是很重要的，除此之外，星占也是一种重要方法。前文提到过，巫咸是商代著名的大巫，虽然《巫咸星占》一书的内容可能是后人的假托，但巫咸本人极有可能做过星占之事。在商代，甲骨卜辞中就有关于星占的记录。到了西周时期，巫掌握的各种占卜本领成为不同官员的职责。前文提到过，《周礼·春官》就记载有“保章氏”一职，专门负责观察日月星辰的异常现象，以及其他异常天象，做出吉凶预测。到了春秋战国时期，天子名存实亡，往日为天子独享的特权，逐渐被诸侯享有。《左传·桓公十七年》说：“天子有日官，诸侯有日御”，表明诸侯和天子一样，拥有负责星占的“日官”。据《左传》等书记载，当时著名的星占家，有周天子的苌弘、史佚，郑国的裨灶，楚国的唐昧，鲁国的慎梓，晋国的士文伯等，由于他们能够根据天象预言人间的吉凶，并且很“灵验”，因此一般为统治者所重视。关于春秋战国时期星占的情况，请参看本书“春秋战国时期的天人感应”一节，这里不再重复。

在春秋战国时期，有些负责星占的官员是史官。到了秦汉时期，星占已经固定成为当时的史官——太史的重要职责之一。汉代著名史学家司马迁在《史记》的“八书”中就有《天官书》，司马贞索隐说：“星座有尊卑，若人之官曹列位，故曰天官。”这是说传统的观念认为，天上的星辰像地上的官员一样有尊卑等级，因此称为“天官”。《天官书》记载了星官以及与之相对应的地上的官员。此外还记载了出现某某天象将会发生什么样的事情，并记自春秋以来的天象以及与与之对应的人事。如记载秦始皇十五年，出现四次彗星，最长的一次持续八十天，最大的横跨天空，之后就发生秦灭六国，杀人如麻的事情。《汉书》的作者班固曾经做过兰台令史，《汉书》有《天文志》，所载大致与《史记·天官书》类似。此后历代正史多有《天文志》，记载类似内容。此外在正史的帝王传记——本纪中，有关异常星相的记载也是随处可见。

除了将天上的星座与地上的官员对应外，星占还有将天上的星宿与地上的国家对应，也就是天与地的对应，这种理论称为“分野”。“分野说”起源于何时现在很难断定，但是根据《周礼·春官》，至晚在西周时已经出现。该书说保章氏“以星土辨九州之地，所封封域皆有分星，以观妖祥”。也就是说，保章氏根据天上的星座对应地上的九州，所有分封国都有星辰对应，根据星相辨别吉凶。《史记·天官书》等也有关于“分野说”的记载。此种理论最系统的记载是唐代著名星占家李淳风所著的《晋书·天文志》。

古人在形容一个军事家的才能时，经常说“上通天文，下识地理”。对天文的通晓，既包括根据天象预测气候等自然现象的发生，也包括根据星相对人事的吉凶的预测。就像认为地上的文官是文曲星下凡一样，古人认为，武将与天上的将星对应。某将星明亮，则表示与之对应的某位武将会取得胜利，或者是身体状况很好；而将星微弱，则可能有灾祸发生。在《三国演义》中，蜀国丞相诸葛亮就被塑造成为一位“上通天文，下识地理”的军事奇才，他不仅可以根据天象预测天气，而且可以根据星相预测某位大将的生死。更为神奇的是，他还可以预知自己的生死吉凶。

古代星占之术并不是人人可为，而是为统治者所独占。历代统治者对于星占天文都有一些规定和禁令。星占对于封建政治有着重大的影响，正如有的学者所指出的："星占基本上是人间的投射，从星宿的命名随着官僚组织而增加或变化，以及星占解释的日趋复杂，可以看出占星术是配合国家机构的发展，及政治的需要更系统化，因此，除了天象观测与历法的计算之外，古代天文透过星占影响政治，是中国天文学相当突出的特质。"①星占对于政治的影响主要体现在三个方面，一是灾异天象对统治者的约束、警示作用，二是吉祥天象可粉饰太平，以证明统治者为真龙天子，三是星占还可以作为统治者或其他人决策的依据。

古人根据天人感应学说，认为"治道失于下，则天文变于上"，因此，每当有灾异天象发生，统治者都会自责，表示要悔过自新。如《史记·孝文帝本纪》记载，汉文帝二年（前178），连续发生两次日食，汉文帝于是颁发诏书自责，声称为人君主者如果不实行德政，上天就会降下灾象，惩戒政治的混乱。但是有的学者根据对"荧惑守心"星相记载的天文学史考察，认为"天人感应思想原有可能成为制衡帝权的一种有效力量，但在'荧惑守心'这个案例中，我们却可发觉或在帝王的权威之下，身为低品秩技术官僚的宫廷天文家，主动在占书中将荧惑守心的

① 张嘉凤，黄一农：《中国古代天文对政治的影响——以汉相翟方进自杀为例》，《清华学报》（台湾新竹），1990年第2期。

当灾者，由原为主体的君主完全转移至大臣，致使此一积极功能横遭削弱”[①]。可见，灾异星相对君主的制约作用并不像我们想象的那么大，往往是帝王手下的大臣成了替罪羊。

历代正史中也不乏吉祥天象成为真命天子的吉兆的记载。如《史记·天官书》和《汉书·天文志》都记载了汉高祖刘邦率兵入秦关时，出现“五星聚于东井”的瑞兆。统治者为了欺骗天下百姓，有时甚至不惜伪造天象。有的学者“曾详细分析我国古史中的‘五星聚舍’记载，发现由于星占学上将此类天象视作有明主出现，并为改朝换代的大吉之兆，故屡见天文家或史家为印证天命而附会或虚构出此类祥瑞。相反地，汉吕后及唐韦后时所曾出现的五星聚舍，却因后世对此二女主的政治评价与星占学上的诠释相矛盾，致遭隐而不言。因知古人尝未能忠实地纪录天象，尤有甚者，史书中且不乏因政治目的而伪造天象的事例”[②]。

星占有时还成为政治斗争的工具。汉成帝时的宰相翟方进因为树敌太多，被人伪造“荧惑守心”的星相，世人认为上天的谴责在于宰相，翟方进被迫自杀。《宋史·方伎传》记载，宋徽宗宠信星占家郭天信，郭假托天象攻击当时的权臣蔡京，说太阳上有黑点，借此暗指蔡京危及皇权，宋徽宗感到害怕，于是把蔡京贬官。

星占有时还成为决策的主要依据。《汉书·赵充国传》记载，汉宣帝在命令对羌人作战的将领深入进攻的诏书中说，做出

---

① 黄一农：《星占、事应与伪造天象——以“荧惑守心”为例》，《自然科学史研究》，1991 年第 2 期。
② 同上。

决定的理由是“五星出东方”和“太白出高”（金星出现在黄道北面）。王莽篡夺汉家天下后，他的国师、著名经学家刘歆与一些人密谋发动政变，由于认为只有当太白星出现时才能发动，结果错过机会，被叛徒告密，自杀身亡。过分迷信星占，成了一些人错失机会、抱憾终身的主要原因。

天道与人道

一　法天论与设卦观象

在中国传统思想中，无论是天人感应，还是天人合一，都有一个共同的前提，那就是认为，人与万物一样，是天地的产物。具体说来，就是天生万物，地养万物。

中国古代有很多人生天地间或类似天为父、地为母的说法。

《老子》第二十五章说："道大，天大，地大，王亦大。域中有四大，而王处其一焉。"王处于人主的位置，因此也是一大。在人的生存环境中，道是看不见摸不着的，因此真正作为人存在的外在环境的是天地。《庄子·达生》曰："天地者，万物之父母也。"他认为天地生万物。

在儒家经典学说中也不乏类似的言论。《易传·说卦》："乾，天也，故称乎父；坤，地也，故称乎母。"在八卦中，乾、坤两卦分别代表着天地。震、巽、坎、离、艮、兑六卦分别代表着雷、风、水、火、山、泽六种基本的事物。天地产生雷、风、水、火、山、泽所代表的万物，因此，乾、坤两卦是父母，而其他六卦则是它们的子女。《荀子·王制》云："天地生君子，君子理天地。"他认为人是天地的产物。

人生活在天地之间，天地产生万物，因此从广阔无边的天地的角度来看，人也是万物中的一种，与其他万物一样，是天地的一部分。古代许多思想家都表达了人与万物为一的观念。如《庄子·德充符》云："自其同者视之，万物皆一也。"万物同为天地所生，因此从这一点上讲，万物皆一。当然万物中也包括人。《易传·序卦》曰："有天地，然后万物生焉。盈天地之间者唯万物。"天地生万物，天地之间只有万物，天地间的人自然也包括于万物之中。因此该篇又说："有天地，然后有万物；有万物，然后有男女。"《论衡·雷虚》云："人在天地之间，物也；物，亦物也。"宋代理学家张载根据其气化理论，认为"人但物中之一物耳"（《正蒙·乾称》），认为人与万物一样都是气化的结果。

既然人与万物一样，是天地万物的产物，人是万物的一部分，因此人应该像万物遵循天地的法则生存一样，效法天地之道，来建立人道。这就是法天思想的来源和根据。汉代的董仲舒则将法天的根据进一步发展，不仅认为"天"是人的"曾祖父"，帝王是上天的儿子，而且认为天与人在很多方面有相似之处，因此在为政、伦理道德等方面都要法天，以天道为根据。

前文指出，老庄主张自然无为的根据就是天道自然无为。老子主张："人法地，地法天，天法道，道法自然。"（《老子》第二十五章）庄子则主张"从天之理"，"以天为师"，实际上都是主张法天。

儒家同样主张效法天道。《论语·泰伯》记载孔子赞美尧效法天的广大无私："唯天为大，唯尧则之。"《易传》中有很多关于法天的思想。《易传·系辞上》曰："是故天生神物，圣人则之；天地变化，圣人效之；天垂象，见吉凶，圣人象之；河出图，洛出书，圣人则之。"所谓"则""效""象"，都是效法、模仿的意思。整个六十四卦是通过卦象来模拟天地万物，人们则根据卦象来效仿天道。《易传·大象传》就记录了这种思想。如我们前文所举的乾、坤两卦的《大象传》，"天行健，君子以自强不息"，"地势坤，君子以厚德载物"。就是说君子应该效法天地，自强不息，厚德载物。董仲舒则提出"道之大原出于天"，认为人类道德伦理的最根本的原则出自天道，因此人要效法天道。到了宋明理学，则强调效法天理，格物穷理最终的目的还是法天。

法天思想表现在许多方面。在政治上，春庆、夏赏、秋刑、冬罚的不同季节不同政令的规定，实际上是效法四时的结果；官僚体制的设定与天道也有关系。在军事上，有些军事设施和军事队形直接来源于天象。在建筑上，帝王都城宫室以及陵墓的设计都体现了天象。

根据《易传》的解释，整个《周易》都是法天思想的体现。六十四卦的创立，是圣人观察效法自然天道的结果。而《易传》认为《易》包含着天地之道，因此遵循《易》所体现的哲理，就是效法天道。

《易传·系辞上》说，圣人创设六十四卦是观察宇宙间种种物象的结果，通过为各卦爻写上占辞来表示吉凶，通过阴阳两种爻位的推移来表示变化。《系辞下》认为八卦最初是由包牺氏（即伏羲氏）创造的。伏羲氏创造八卦经历了仰观天象，俯察地理，观察鸟类、兽类的纹路，甚至观察自身的过程。

既然《易》的创作过程是效法天地的结果，那么《易》就是天地之道的体现，能够概括宇宙间的无形和有形的变化。因此《易》容纳天下的化育而不偏失，包括天下万物而不遗漏，会通昼夜幽明之道而无所不知。

《易》容纳概括了天地之道，因此君子平时居处时学习、玩味卦象和卦辞，就可以了解天道，行动时观察易卦的变化、玩味占卜的结果，就可以知道天道的变化，从而就可以得到上天的保佑，无所不利。

《易》中所体现的哲理，如“亢龙有悔”体现的物极必反，“谦”卦体现的“天道亏盈而益谦”思想，都是天道的体现，对于人们有警醒的作用。

《易》卦的卦象是圣人仰观天象、俯察地理的结果。《系辞上》说《易》从四方面体现了圣人之道，其中一个方面就是“以制器者尚其象”，即根据易卦卦象来指导制作器物。《系辞下》有一节专论圣人根据卦象创造器物，如说伏羲氏“作结绳而为网罟，以佃以渔，盖取诸离”。是说根据离卦的卦象，伏羲氏结绳为网，用来围猎打鱼。事实上在传说中的伏羲氏时代，某物的发明可能是直接源于对自然某些事物的观察和模仿，而《易传》则在中间加上了易卦来传递天地自然之象。

二　天道与人道合一

在中国古代思想史中，主张“天人相分”，或者将天道与人道区别开来的思想家虽然历代都有其人，但他们在整个思想史中的声音是很微弱的，不占据主流的地位。

大多数思想家在讨论人道的时候，都会以天道作为依据和参照。我们在前文讨论过，对中国思想文化影响最大的两个学派——儒家和道家，其主流都认为天道和人道是相通一致的。大致来说，儒家由人道上证天道，道家则由天道推演人道，都表现出天道与人道合一的倾向。

在中国的古人看来，人道以天道为依据和参照，其原因主要有二。

其一，天作为最高主宰，它的法则即天道就具有最高最普遍的意义，人道必须以之为依据和参考。董仲舒所说的“道之大原出于天”，正是这种意思。在儒家的思想中，最初重视的是人的道德伦理的讨论，虽然有子思、孟子等人的“尽心、知命、知天”的理论，由人道上推天道，认为人的道德本性源于上天，但毕竟不够系统，而且影响也不够大。直到唐宋儒学家在面对佛道的冲击时，才重新发掘子思、孟子的思想资源，并且借鉴了佛学中的某些理论，为儒家的心性道德理论建立了系统的伦理本体。理学家认为，天道也就是天理不仅是世界万物的普遍规律，而且是人类社会的最高规范原则。

其二，如本章第一节所讨论的，古人认为人是天地的产物，作为万物之中的一个，人应该遵循天道的普遍规律，人道和天道从这一点来讲是一致的，因此人道自然以天道为依据和参照。宋明理学家认为，天道和人道从根本上讲是一致的。程颢认为道或天理是贯通天、地、人的，因此天道和人道不可强分，二者是一致的。朱熹的“理一分殊”命题认为，太极（理）是世界的本体、万物的本原，太极产生万物，万物由此禀受理作为自己的性理，每个事物之中的理，从总体上讲与作为本原的太极的理是一致的。对于人来说，天道与人道是一致的。

在天道与人道的关系上，古人一方面将天道作为人道的根据和来源，一方面又根据人道来解释说明天道。天道毕竟不像人道那样容易贴近掌握，既然天道和人道是一致的，因此古人往往用人道描述附会天道。在天人感应观念中，上天具有奖善惩恶的能力，这本是人类相应思想的寄托和反映。董仲舒根据“天人同类”说，将本属于人的道德伦理属性赋予天。如，天是充满仁爱之心的，因此产生食物给人类充饥，产生丝麻给人类御寒。在古代天文学中，关于天上星象的描述，同样是将人间的尊卑秩序赋予天上的星座，有帝星，有三公，有后宫妃嫔，有文官武将，等等。

春秋时期郑国著名的政治家子产曾经说过一句名言：“天道远，人道迩。”这句话可以说代表了中国古人对于天道和人道的基本态度。虽然天道是人道的依据和来源，但是天道毕竟是玄远难求的，因此虽然古人经常打出天道的大旗，实际上重视的仍然是人道。《庄子·齐物论》中有一句话：“六合之外，圣人存而不论。”所谓“六合”，是指人类生存的天地四方的大环境。圣人只关注天地四方之内与人有关的东西，至于之外玄远的东西，就放在那里不去讨论它。这也可以说明古人重人道、轻天道的特点。

应该说，在先秦诸子中，以老庄为代表的道家学派是最重视对天道的探讨的。但是，他们对天道追求探索的最终目的，还是在人道上，是为人的行为提供一个样板或者效法的对象。老庄是通过证明天道的自然无为来证明人世的自然无为的合理性。如《老子》第七章曰："天地长久，天地所以能长且久者，以其不自生，故能长生。是以圣人后其身而身先，外其身而身存。非以其无私邪？故能成其私。"先说天地长久的原因是不为了自己生存，因此圣人应该效法此道，把自己放在最后，达到身存的目的。可见老庄对天道的探讨体悟并不是其最终的目的，他们最终关注的是人道应该从天道中取法或学习些什么。从某种意义上讲，天道只是老庄论证其主张、说服别人的工具。从这种目的出发，许多天道和人道的比附，不利于对天道真正深入的了解，更不用说对自然现象的认识了。因此，即使是重视天道探索的道家学派，最终也表现出重人道而轻天道的倾向。

儒家是最注重人伦道德的，很少单独讨论天道。只有在论证为什么人道须如此时，才会根据天道人道一致的前提，搬出天道来做根据和证明。儒家认为，人的伦理道德本性是天赋予的。孟子的性善论就是如此。又如董仲舒《春秋繁露·为人者天》说："人之血气，化天志而仁；人之德行，化天理而义。"人的仁义道德，是天志、天理在人身上的体现。

宋明理学中程朱理学主张"格物穷理"，大至宇宙本体，小至具体细小事物，其中的"理"，都要进行研究。这中间自然包括对自然界万物的认识，对自然天道的把握，但其出发点和最后的归宿却是人伦社会的规范和法则。因此，程朱理学对天道的认识和探索，其最终的落脚点仍然是人道，是社会的伦理道德。正因为如此，他们所提倡的“格物穷理”，不可能很大程度地促进对自然现象的观察研究，从而刺激自然科学在中国的发展。

三　法天所体现的传统思维方式

法天论是中国古人以天为效仿和参照的对象，用来指导人世的行为和思维，处处以天为依据和标准的思想的体现。这种思想在中国古代影响很大，从具体的行为模式，到抽象的思维方式都可以找到它的影子。从本书前面讨论的有关内容，我们可以总结出传统的法天思想的一些特点，以及它所体现的传统的思维方式。

中国传统的法天论的特点可以概括为以下几个方面：

1. 简单的天人类比，以及对天的简单的模仿。

在人类早期，人类认识自然的能力有限，天是先民心目中的主宰，他们的行为必须遵循天意，他们对自然之天的简单的观察和模仿，是早期法天的主要表现。鲁班发明锯的故事可以说是当时这种情形的体现。传说鲁班是中国木匠的鼻祖，他偶然一次被棘刺划破了手，有所领悟，发明了木工的重要工具——锯。《易传》说圣人“设卦观象”，实际上也是说根据天象等自然现象来模仿设计与人类有关的事物或做事手段。而关于圣人根据卦象创造发明的说法，实际上体现的是一种间接的对自然之天的模仿效法。中国古代农业的发展，有赖于对天象的观察和农历的编制，这实际上表明先民已经认识到人的活动必须符合自然之天的规律，并且认识到天人之间存在着一定的联系，存在着相似的规律。于是天作为一种主宰、一种参照，成为人们类比模仿的对象。

汉代的董仲舒将这种思想系统化，提出了著名的“天人同类”“人副天数”的思想。董仲舒的有关思想虽然比前人精致，但也是一种简单的类比，甚至牵强附会。在《春秋繁露·人副天数》中，董仲舒认为，人禀赋天地的精华，因此万物之中只有人与天地相类似。董仲舒认为，人作为天的副本，对于可数的事物，天人在数上相同，如一年有三百六十六天，人有三百六十六个小骨节；天有十二月，人有大骨节十二个；天有五行，人有五脏；天有四时，人有四肢，等等。对于不能数的事物，天人则在类上相同，如人的头发，像天上的星辰；人的耳目，像天上的日月；人的口鼻，像自然的气、风，等等。从中我们可以看出许多牵强附会之处。我们前文曾经指出，董仲舒这样论证，是为天人感应做论证。同时，这种思想也为人法天提供了证明，既然“人副天数”“天人同类”，那么人效法天也就是理所当然的事了。

天人的简单类比、模仿，对于人效法遵循自然的规律有一定的作用，但如果一味地牵强附会，处处将人事类比天道，就会产生很多负面的影响。

2. 对天人共同特性的观察分析，由此产生对天道的效法。

天作为自然之天，是人类生存的依赖，对于自然之天的性质的认识和把握，会为人们确定人间的伦理道德规范、制定礼法制度提供依据和参照。当天的运行规律和法则——天道成为人类伦理道德和礼法制度的根据时，它又被作为伦理之天。

日月交替，四时运行，沧海桑田，万物生灭……古人在观察这些自然现象时，会体悟出其中蕴含的规律和哲理，并将之运用于对人类的伦理道德等方面的设计和规定之中。老子说："草木之生也柔脆，其死也枯槁。"（《老子》七十六章）又说："天下莫柔弱于水，而攻坚强者莫之能胜。"（《老子》七十八章）草木在活的时候柔弱，死后枯槁变硬。水是天下最柔弱的东西，但是日积月累，水可以摧毁天下最坚强的东西。由此，老子认为柔弱可以生存，坚强则遭灭亡，柔弱能够战胜刚强，并以之指导人类的社会活动。他说："故坚强者死之徒，柔弱者生之徒。是以兵强则不胜，木强则折。"（《老子》七十六章）"柔之胜刚，弱之胜强。"（《老子》七十八章）

古代很多思想家或经典都认为天地的尊卑高下是制定和确定等级尊卑礼制的根据和参考。例如《易传·系辞》说："天尊地卑，乾坤定矣。卑高以陈，贵贱位矣。"《礼记·乐记》曰："天高地下，万物散殊，而礼制行矣。"《荀子·王制》也说，"有天有地而上下有差"，认为天尊地卑是人类等级高下的依据。《吕氏春秋·圜道》则曰："天道圜，地道方。圣王法之，所以立上下。"认为一方面天圆地方是君主、人臣尊卑上下的依据，另一方面也是确定各自职责的根据。君主象天，自然无为，大臣象地，各尽职守。

从前文我们还知道，阴阳四时成为统治者实行庆、赏、刑、罚顺序的根据，如此等等。

由于各人对天道观察体悟的不同，所得出的对人事的指导也就可能不同。如老子从对自然现象的观察中得出了处虚守静的结论，而《易传》的"天行健，君子以自强不息"，则从天的不断运行，得出君子应该效法天道自强不息的结论。

3. 由人事附会天道，转而以这种天道作为人类行为的依据。

在法天思想中，存在着把人事附会成天道，又转过来以这种附会的所谓“天道”作为人类社会伦理道德、等级秩序的依据。古代天文学将人间帝王和官僚的体制附会上天的天象，反过来又以之作为以帝王为中心的官僚体制存在的根据。董仲舒根据“天人同类”，将人类的仁义之道赋予上天，同时，又将人的伦理道德的根据归于上天。

天道与人道的这种循环论证，先是将本属于人类的某些规律规范赋予上天，然后再以之作为人事行为伦理的最高依据和证明。这样做的目的是给人类的伦理道德、礼制规范提供合理的依据。

4. 假借天道，申说个人主张，所谓“法天”，也就成了某人的政治、道德主张的实践。

从先秦诸子乃至更早开始，中国古代哲人在论证其主张学说时，一般都喜欢引经据典。在先秦时代，《尚书》《诗经》成为儒墨等各家经常引用的经典。《墨子·非命（中）》认为“天鬼之志”“圣王之事”是立论的根据，“先王之书”则是立论的本原。他认为可以作为立论根据和证明的除了“先王之书”，即古代先王留下的经典，还有“天鬼之志”和“圣王之事”，所谓“圣王之事”，实际上就是先代圣王在某事上的具体做法。而“天鬼之志”虽然与墨子的“天志”“明鬼”，即认为天有意志、世上存在鬼有关，但也反映出当时的一种倾向，即在立论上除了引经据典加强自己的论证力度外，还往往请出上天来作为依据，意思是上天既然如此，我们人类当然应该效法天道，也如此做。正如诸子都以先王之事进行论证而得出迥异的结论一样，很多思想家同样以天道为论证的依据，得出的结论同样大相径庭，这说明在他们的论证中，天道已经变成了一种论证的手段，而在一定程度上失去了作为人事的依据和参照的初衷。

在以上这些特点中，除了第二种确实将人类与天道的共同的特点进行了分析和把握，法天论是言之有据，并且存在一些符合情理的结论外，其他三种则或是比较粗糙、简单的类比甚至附会，或出于立论或者现实的需要，将一些规律特征强加给天，实际上也是将人道与天道进行牵强的比附。

有的学者指出，在法天的逻辑推理的三段论中，小前提是天道如何如何，结论是人应该效法天道如何如何，但大前提却空缺。他指出："大前提的空缺只能解释为在中国古代的许多思想家的体系中，存在着一个共同的逻辑预设，或者说，一个不言自明的大前提，这就是，人道必须与天道保持一致。"[①]

在本章的第一二节中，我们已经指出，人道与天道保持一致的根据是，人与万物都是天地产生的，因此应该遵循天道的普遍的法则和规律。但是，我们也发现，在具体讨论时，这个大前提却很少被论证。汉代的儒者董仲舒曾经对此进行了论证，但是也只是简单的类比附会。从整个法天思想来看，人道效法天道，往往是简单的天人类比模仿，而这种类比的两者有时并不存在某种联系。应该说自然现象与人类社会的特点和规律存在着一些一

① 冯禹:《"天"与"人"——中国历史上的天人关系》，第171页，重庆出版社，1990年版。

致性，也应该承认确实存在着适用于自然界和人类社会的普遍的规律，但是二者毕竟不可能完全一致，有时甚至会出现相反的现象，如果一味地强调天人的一致性，就会成为牵强附会了。

四　天道观念与传统辩证思维

前文所讨论的法天论在中国思想史中占据着主流的地位，但这并不是说没有反对法天论的，我们前文讨论的主张“天人相分”的思想家，从先秦的荀子到唐代的柳宗元、刘禹锡，再到近代的一些思想家，都反对将自然界的现象规律与人类社会的伦理道德和政治制度相类比。

如《荀子·儒效》云：“道者，非天之道，非地之道，人之所以道也，君子之所道也。”他认为“道”是人类的基本法则和规范，与天道、地道无关。

人道虽然与天道没有直接的联系，不能牵强附会，但是正如我们在上一节指出的，基于对自然界的深刻观察和体悟，可以总结出一些带有普遍性的规律，并用于指导人类社会的实践，这种法天思想是应该加以肯定的。例如古人深刻体悟的“极则反，盛则衰”的天道观念，对古代辩证法思想有着重要的影响，在今天仍然有一定的积极意义。

在第三节中我们已经谈到，老子的“柔弱胜刚强”的思想，就来自对自然天道的观察和体悟。《老子》一书包含着许多辩证的思想，很多都与对自然天道的观察有关。如《老子》六十六章说：江海之所以能够成为众多河流之王，是因为他们善于处于众多河流的下游，所以能够成为众多河流之王。所以要在上面统治人民，一定要用语言表明自己处于低下的位置；要想达到先于百姓的目的，一定要把自己放在后面。因此圣人能够高高在上而百姓不觉得重负，处在百姓之前而不被觉得妨碍；因此天下的人乐于不知疲倦地推举他们作为领袖，因为圣人不与别人争夺，天下没有人能争夺过他。老子根据江海处下而容纳百川，推演出人事的处下、身后才能居上、身先的辩证道理。

老子的许多辩证思想与他对水的特点的观察和思考有关。除了前面提到的水的“柔弱胜刚强”和处下为百谷王外，还有一些分析。老子认为，水所体现的规律和特性与“道”已经非常接近了，因此他说：“上善若水，水善利万物而不争，处众人之所恶，故几于道。”水的不争而万物不能与之争的特性，在老子看来，也是圣人应该效法的。

老子正是观察了自然界的盛极必衰，才主张守虚、处静、处下。他说：“飘风不终朝，骤雨不终日。孰为此者？天地。天地尚不能久，而况于人乎？”天地尚且不能让飘风、骤雨长久，因此人也不能长久保持极盛的状态。所以要守虚处下，避免过分强盛带来的衰败。

《易传》中有很多法天思想，我们前文已经讨论过。《易传》中对“天道”的认识，同样包含着许多辩证的思想。我们知道六十四卦是由阴阳二爻的不同组合而成的。《易传》正是通过对阴阳二爻的消长变化的解释来体现天道的“物极必反”，即事物到了极限就向相反方向转化的规律。

在六十四卦的最上面一爻，表示某种事物的极限，将要向相反的方向转变，因此吉卦的这一爻的爻辞往往说此爻不吉利。如乾卦上九爻辞为“亢龙有悔”，对此《象传》解释说：“‘亢龙有悔’，盈不可久也。”《文言》又解释说：“亢之为言也，知进而不知退，知存而不知亡，知得而不知丧。”《易传》的作者通过对《周易》的解释，对物极则反的法则进行引申发挥，以此提醒人们在处于鼎盛的时候，一定要谨慎行事，防止由盛而衰，甚至后悔莫及。

《易传》认为，盈虚、消长、兴衰的相互转化，正是天道的体现。《彖传》解释丰卦说：“……日中则昃，月盈则食，天地盈虚，与时消息，而况于人乎？况于鬼神乎？”太阳刚日中就开始下落，月亮才圆就会变缺，而何况是人、鬼神呢？《彖传》解释剥卦说：“……君子尚消息盈虚，天行也。”这是说君子注重消息盈虚的变化之道，认为这是天道。在六十四卦中，复卦表现了阴阳消长的过程。复卦的卦象是初爻为阳爻，其他五爻为阴爻，表示在坤卦全为阴爻后，有一阳爻产生，阳气逐渐上升。正是表达了物极必反、循环往复之意。因此《彖传》说：“复，其见天地之心乎？”认为复卦体现了天地之道。

正是从物极必反的角度出发，《易传》对谦虚之道加以肯定。《彖传》解释谦卦说：“谦，亨。天道下济而光明，地道卑而上行。天道亏盈而益谦，地道变盈而流谦，鬼神害盈而福谦，人道恶盈而好谦。谦，尊而光，卑而不可逾，君子之终也。”日月下照万物，却充满光明，地处下，其气却上升。无论是天道、地道、鬼神都对谦有利而对盈有害。因此人道喜好谦而厌恶盈。谦能使尊贵的人更光大，地位卑下的人不可凌越。君子有谦的美德，就会有好的结局。

《易传》的《说卦》是对六十四卦的排序的解释。根据前人的研究，主要有相因说和相反说两种情况。相因说是指前后两卦反映了事物的发展联系，而相反说则是反映了物极则反的思想。六十四卦中有很多相反的卦连续排列，对此《序卦》解释说："泰者，通也，物不可以终通，故受之以否。……剥者，剥也。物不可以终尽剥，穷上反下，故受之以复。"《序卦》对这样的卦的解释的句式都是"物不可以终……"，"故受之以……"，实际上就是物极必反的意思。《序卦》还认为，这种转化没有尽头，所以六十四卦最后一卦是"未济"，意思是没有完成："物不可穷也，故受之以未济终焉。"

《老子》和《易传》中体现的辩证思想，是对天道中存在的辩证因素的整理和抽象，这种物极必反、盈必变虚、盛必变衰的辩证思想，不仅对后来的思想家产生很大的影响，而且也成为普通中国人的思想的一个重要组成部分，渗透到人们的日常生活之中。

后 记

如果从书稿动笔算起，本书距今已整整二十年了。

本书原名《敬天的信仰》，是2001年北京语言文化大学出版社出版、北京语言大学韩德民教授主编的“中国人的精神世界”丛书中的一册。

本书出版后，笔者因为工作的关系，主要兴趣转向中国近现代学档案文献的整理与学术史研究。去年六月，韩德民教授告知北京联合出版公司有意将这套丛书再版，笔者在感谢北京联合出版公司的抬爱的同时，颇有几分忐忑。

这套丛书主要是向读者介绍中国传统文化，风格以通俗浅显为主。即便如此，如果没有我的导师廖名春教授和主编韩德民教授的支持和信任，加上笔者的“无知者无畏”的心态，恐怕不会有本书的问世。

虽然已经是二十年前的事情，当年编写时的情形依然历历在目，其中的甘苦也时常萦绕于心。那时我到北京大学图书馆工作才一年，刚分到一间十平方米的筒子楼宿舍，虽然不大，但是毕竟有了自己独立的空间，可以静心读书作文，因此还是非常高兴的。为编写本书，廖老师主动借钱给我买电脑。在我弟弟的帮助下，我到中关村找了一家小公司，攒了我的第一台电脑。本书大纲的草拟至为关键，有幸得到廖老师和韩教授的很多指导和帮助，使我少走了不少弯路。北京大学图书馆丰富的馆藏是编写此书的坚强后盾。在查阅、复印大量资料后，我开始利用业余时间撰写书稿。记得1999年的夏天特别炎热，从水房洗漱回来，碰着房门把手都觉得有些烫手，我在斗室内真的有些挥汗如雨的感觉。本书虽然只是十万字的普及性的小册子，但却是我的第一本书，因此在收集资料和编写过程中，都非常认真投入，参考书刊资料近百种，书稿更是反复推敲、多次修改。虽然本书今天看来难免有不当之处，却是笔者尝试进入学术之门的心血之作。

对于笔者来说，本书也是很好的纪念，它是笔者对三年先秦思想史硕士读书生活的总结和告别。我还清楚记得，1995年9月，刚入清华大学思想文化研究所读研不久，有一天，我与黄振萍、刘巍两位同窗夜游水木清华，纵论学术古今，畅谈人生理想，慨然有从事学术之志。二十多年过去，虽然回想当年有些惭愧，但对学术的期许依然是笔者心灵深处的一种执着和信念。我时常怀念清华园三年安静读书的日子，那时候虽然清贫，却简单充实、纯净快乐。我也常梦回清华园，一个人在红砖楼外的绿草地上静静读书。无论是现实还是梦幻，都是那么美好。

二十年后重审此书，由于兴趣的转向，笔者只能做一些文字上的修改。中华文化博大精深，我们民族的精神世界丰富多彩，作为一个中国人，浸染其中，往往日用而不知。本书作为普及性读物，希望对于想初步了解中国人的敬天观念的读者有所帮助。

笔者在梳理中国人关于“天”的概念，总结古人对于天人感应、天人合一、天人相分等学说的论述讨论，思考从天子到庶民、从制度到日用方面天道对于人道的影响，强烈感受到敬天在中国人精神世界中的重要地位，其内容之丰富、资料之浩繁，往往出人意料。限于本书的性质和笔者的学力，本书只是作简单介绍，也难免存在不少错漏之处，敬请方家指正。

本书作为十万字的通俗读物，虽然微不足道，但也得到了不少机关和个人的帮助，在此略表谢意。除了上面提到的清华大学历史系廖名春教授、北京语言大学韩德民教授，以及我所服务的机构北京大学图书馆外，还要感谢我就读的清华大学思想文化所的各位老师。最后，我还要感谢我的家人，温暖的家是我最幸福的身心栖息之地。

邹新明

2019 年 2 月 23 日

图书在版编目（CIP）数据

敬天与伦理 / 邹新明著．-- 北京：北京联合出版公司，2020.3

（国学关键词著述 / 韩德民主编）

ISBN 978-7-5596-3855-7

Ⅰ．①敬… Ⅱ．①邹… Ⅲ．①天人关系－研究 Ⅳ．①B2

中国版本图书馆 CIP 数据核字（2019）第 295734 号

国学关键词著述：敬天与伦理

作　　者：邹新明
主　　编：韩德民
责任编辑：牛炜征
封面设计：鹏飞艺术

北京联合出版公司出版
（北京市西城区德外大街 83 号楼 9 层　100088）
三河市中晟雅豪印务有限公司印刷　新华书店经销
字数 104 千字　960 毫米 ×640 毫米　1/16　12 印张
2020 年 3 月第 1 版　2020 年 3 月第 1 次印刷
ISBN 978-7-5596-3855-7
定价：38.80 元